世界の国と地域の点字ブロック

アジア
Asia

口絵1　韓国・ソウル　旧南大門前

口絵2　中国・大連　市街地

口絵3　北朝鮮・開城　工業地区

口絵4　台湾・高雄　春秋閣

口絵5　香港　鉄道駅コンコース

口絵6　マカオ　市街地

アジア〜ヨーロッパ

口絵 7 シンガポール 地下鉄駅プラットホーム

口絵 9 インドネシア・バリ島 寺院前

口絵 11 フィリピン・マニラ 鉄道駅プラットホーム
警告ブロックのようであるが黄色の滑り止めの可能性もある

口絵 8 マレーシア・クアラルンプール 市街地

口絵 10 インド・デリー 市街地

口絵 12 タイ・バンコク 市街地

世界の国と地域の点字ブロック

口絵 13　カンボジア・プノンペン　商店街

口絵 14　ベトナム・ホーチミン　ドンコイ通り

口絵 15　モンゴル・ウランバートル　市街地

ヨーロッパ
Europe

口絵 16　イギリス・ロンドン　ビッグベンの前

口絵 17　フランス・パリ　凱旋門前

ヨーロッパ

口絵 18 ドイツ・フランクフルト 路面電車のプラットホーム

口絵 19 ポルトガル・リスボン 地下鉄

口絵 20 オランダ・アムステルダム ダム広場

口絵 21 イタリア・ローマ コロッセオ

口絵 22 オーストリア・ウィーン シェーンブルン宮殿

口絵 23 スイス・チューリヒ 中央駅

世界の国と地域の点字ブロック

口絵 24　スペイン・マドリッド　アルムデーナ大聖堂

口絵 25　ノルウェー・オスロ　路面電車のプラットホーム

口絵 27　フィンランド・ヘルシンキ　バスターミナル

口絵 26　スウェーデン・ストックホルム　市庁舎

口絵 28　デンマーク・コペンハーゲン　市庁舎

ヨーロッパ 〜 南北アメリカ 〜 オセアニア

口絵 29　トルコ・イスタンブール　タクシム広場

口絵 30　ギリシャ・アテネ　パルテノン宮殿

口絵 31　ポーランド・ワルシャワ　文化科学宮殿

南北アメリカ
North America & South America

口絵 32　アメリカ・サンフランシスコ　フィッシャーマンズワーフ

世界の国と地域の点字ブロック

口絵 33　カナダ・トロント　鉄道駅

口絵 34　メキシコ・ティファナ　市街地

口絵 35　ブラジル・サンパウロ　カテドラル・メトロポリターナ

オセアニア
Oceania

口絵 36　オーストラリア・シドニー　オペラハウス

口絵 37　ニュージーランド・オークランド　市街地

日本

日本
Japan

口絵 38 札幌 さっぽろ時計台

口絵 41 広島 原爆ドーム

口絵 39 東京 国会議事堂

口絵 40 愛媛 道後温泉

口絵 43 名古屋 名古屋城

口絵 42 高知 はりやま橋

点字ブロック

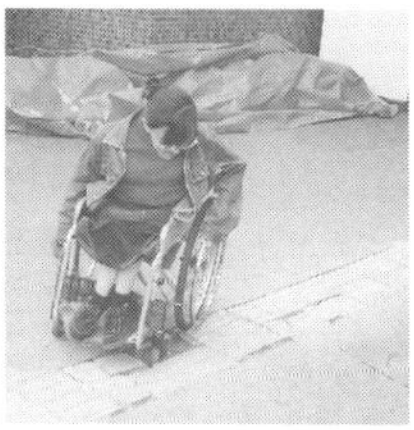

日本発
視覚障害者が世界を安全に歩くために

徳田克己・水野智美 著

福村出版

JCOPY 〈(社)出版者著作権管理機構 委託出版物〉
本書の無断複写は著作権法上での例外を除き禁じられています。複写される場合は、そのつど事前に、(社)出版者著作権管理機構(電話 03-3513-6969、FAX 03-3513-6979、e-mail: info@jcopy.or.jp)の許諾を得てください。

はじめに

　私たちはバリアフリーの研究者である。徹底的な現場主義をとっており、フィールドワークを行ってさまざまな資料を入手し、それらを分析して障害のある人、高齢者、子ども等がQOLを低下させることなく生活できる社会を作るための研究と活動を行っている。

　これまでも、点字ブロックだけでなく障害者用駐車スペースの問題、交通弱者用押しボタンの問題、優先エレベータの問題、視覚障害者誘導システムの問題、電動車いす・歩行補助車の問題等に取り組んできた。なかでも点字ブロックは、1965年に日本で開発され、設置方法の十分な検討・決定のないままに全国に設置され、さらに世界に広がっている問題がある。すなわち、日本だけでなく世界中に点字ブロックが間違って設置されるに至っている。これを責任持って修正するのは、日本の研究者の仕事である。

　私たちは国際交通安全学会の活動の一環として、またアジア障害社会学会の活動の一環として、世界規模での点字ブロックに関する調査と適正化を図るための情報提供を行ってきた。本書はこれまでに得たフィールドワークの研究結果をもとに点字ブロックはどうあるべきかを示した「世界で初の書物」である。

　実は、北朝鮮にも点字ブロックが設置されている。おそらくその写真を持っている研究者は世界でも私たちだけであろう。インターネットで開城（ケソン）工業地区が紹介されていた写真を見た時、点字ブロックらしき黄色の線がかすかに見て取れた。私たちの研究者魂が揺り動かされ、どうしてもこの目で確かめたいと思った。いろいろなつてを頼って何とかソウルから陸路で北朝鮮に入国し、点字ブロックの存在をこの目で確認することができた。設置の仕方は極めて正確であり、大変驚いた。撮影厳禁の地区であったが、隠し撮りした点字ブロックの写真の記憶媒体を靴下の中にひそませた。

　インターネットの情報等では、点字ブロックの存在が確認できない国であっても、街の中を歩いていると突然目の前に点字ブロックが現れることがしばしばあった。カンボジアの首都プノンペンには日本でいくら調べても点字ブロックがあるとは確認できなかったが、現地に行ってみると特定の地区に誘導ブロックと警告ブロックが日本と同じ設置方法で存在していた。もちろんその上にはさまざまな商品や乗り物が置かれており、とても視覚障害者が歩ける状態ではなかった。また、点字ブロックが何のためにあるのかをまわりの住民に尋ねてみても、誰も視覚障害者のためにあるということを知らなかった。このことは、欧米を除いて、点字ブロックがある国のほとんどに言えることである。いや、日本の中でも点字ブロックが何のためにあるのかを知らない人がいる。なんとその人は県庁所在地にあるJRの駅前交番の警察官であったが…。

　この点字ブロックの研究には多くの時間と経費がかかった。日本でテレビ（ニュースや外国映画）を見ている際も、常に画面の中の地面を見ており、点字ブロックではないかと思われるものがあった場合には、その後インターネットで徹底的に調べた。ある程度の確証が得られた場合には、格安航空券を調達し現地に飛んだ。かなり前の話であるが、北朝鮮の拉致被害者である曽我ひとみさんとそのご主人のジェンキンスさんがインドネシアのジャカルタで再会したという

ニュースを見ていた時、道路にちらっと黄色の線が見えた。「点字ブロックに違いない」と感じた私たちは翌月、インドネシアの現地調査を行い、広い範囲に点字ブロックが設置されていること、設置方法が独特であり、他の国には見られない方式であることを確認した。これまでに調査した国と地域は50以上にのぼる。

いろいろな国に福祉の調査団が派遣されている。その人たちが帰国した際に点字ブロックの設置状況等を尋ねてみても、全くと言っていいほど有益な情報は得られない。それは点字ブロックにあまり関心をもっていないからである。一般の旅行者に至っては何を尋ねても無駄である。やはり「点字ブロックを調べる」という目的を強く持って渡航しなければ情報を得ることは不可能である。10年ほど前、中国の上海を調査した際、同じツアーに参加した一般の人から、私たちは最後まで「タイル屋さん」と思われていた。それはいつも地面を見て歩き、ブロックのサイズをメジャーで測り、写真は地面ばかりを撮っていたからである。

もちろん、これらの研究は我々だけの考えで進めてきたわけでなく、多くの当事者の方のご教示とご協力を得ている。特に筑波技術大学の長岡英司氏、筑波大学の青柳まゆみ氏には調査や実験に長期間参加していただいた。また、ヒアリング調査では、数百名の白杖使用者と盲導犬使用者に多くの時間をさいていただいた。ここに記して深く感謝申し上げたい。

本書の特徴を以下に挙げる。

① 本書の目的は、点字ブロックの適正な設置方法を具体的に示すことである。そのために現在ある「間違い」を示し、どのように改善すべきかを提案した。
② より具体的に情報を提供するために、写真を多用した。
③ ほとんどすべての情報と写真は、私たちが実際にフィールドワークをして得たものである。つまり、「見てきたようなウソ」は含まれていない。
④ 視覚障害者だけでなく、点字ブロックをバリアに感じている車いす使用者や歩行補助車の使用者も含めた多くの当事者の意見をうかがい、また実験に参加してもらって得た結論をもとにした。

最後になりましたが、写真集のような専門書の出版を引き受けてくださった福村出版と編集部の松永幸枝さんに心から感謝申し上げます。

2011年9月　徳田克己・水野智美

目次

はじめに ……………………………………………………………………… 3

第1章　点字ブロックとは何か ……………………………… 7

1 節　日本で開発された点字ブロック ……………………………… 8
2 節　ブロックの種類 ………………………………………………… 9
3 節　設置指針と設置方法 …………………………………………… 10
4 節　日常の中の点字ブロック ……………………………………… 12

第2章　海外における点字ブロックの設置状況 …………… 17

1 節　アジア ………………………………………………………… 18
2 節　ヨーロッパ …………………………………………………… 28
3 節　南北アメリカ ………………………………………………… 53
4 節　オセアニア …………………………………………………… 57

第3章　点字ブロックの誤りと適切な設置方法 …………… 59

1 節　マンホール …………………………………………………… 60
2 節　点字ブロックの中断 ………………………………………… 63
3 節　設置場所の管轄が異なることによるブロックの大きさ、形状、色の変化 ── 65
4 節　誘導ブロック屈曲部における警告ブロック ……………… 67
5 節　誘導ブロック上の不必要な警告ブロック ………………… 69
6 節　面積の小さなブロック ……………………………………… 71
7 節　ブロックの設置位置 ………………………………………… 72
8 節　横断歩道 ……………………………………………………… 77
9 節　分岐点 ………………………………………………………… 83
10 節　階段 …………………………………………………………… 85
11 節　エスカレータ前 ……………………………………………… 88
12 節　プラットホーム ……………………………………………… 89
13 節　門やドアの前 ………………………………………………… 91
14 節　一部の地域に限定して使用されているルールやブロック ── 92

15節　誘導ブロックを設置すべきところに警告ブロックが設置されている ── 95
16節　施設や設備の工事後の未処理 ── 97
17節　管理状態 ── 98
18節　点字ブロック上の障害物 ── 101
19節　目的外使用 ── 112

第4章　他の歩行者の移動のバリアになっている点字ブロックの存在 ── 115

1節　他の歩行者は点字ブロックをどのように感じているか ── 116
2節　車いす使用者、高齢者、ベビーカー使用者、
　　　幼児のバリアに配慮したブロックの設置 ── 118

付録

1　驚くべき設置 ── 124
2　点字ブロック上の動物たち ── 125

引用・参考文献

本書内の写真（写真1－5を除く）は、著者が撮影したものです。
全部または一部を無断で複写・複製使用することを禁じます。

第 1 章
点字ブロックとは何か

(茨城県・つくば市)

I 節
日本で開発された点字ブロック

■ 点字ブロックの誕生

　点字ブロック（正式名称は、視覚障害者誘導用ブロックであるが、本書では「点字ブロック」と記す。英訳：Tactile ground surface indicator）は、視覚障害者が安全に移動するための設備として、1965年に三宅精一氏によって考案され、1967年に岡山県内の国道2号線に世界ではじめて設置された。点字ブロックは、視覚障害者が足の裏の触感覚でその存在及び形状を確認できるような突起を表面につけたブロックであり、移動の際に、正確な歩行位置と歩行方向を案内するための設備のことを言う。

　開発された当時は、今のような福祉の思想が広まっておらず、「視覚障害者がひとりでも安全に外出できるように環境を整えなければならない」と積極的に考える雰囲気が日本国内に浸透していなかったため、点字ブロックを開発してから数年間はほとんど普及しなかった。しかし、1970年に盲学校の教員による陳情書によって大阪市内にある旧国鉄駅に点字ブロックが設置されたことを皮切りに、徐々に各自治体や視覚障害者団体によってさまざまな地域に試行的に設置されるようになった。また、日本のバリアフリーを視察に来た海外の国や地域でも点字ブロックを取り入れるようになり、国内外での広がりを見せるようになった。

■ 適切な設置を求める視覚障害者たち

　これまでに視覚障害者の移動を支援するための設備として、赤外線や電磁波などによって音声情報を提供するシステムが多数開発されてきた。しかし、それらにはそのシステムを利用できる地域が限られていたり、システムを利用するために必要な機器に互換性がなく、いくつもの機器を持ち歩かなければならなかったり、システムの設置に莫大な費用がかかったりする等の問題があった。一方、点字ブロックは、視覚障害者が通常使用している歩行手段をほとんど変更しなくても利用できること、設置にかかる費用が安いこと等から、現在では視覚障害者を誘導する最も有効な方法と考えられている。

　国際交通安全学会が視覚障害者を対象にして行った研究（徳田・松村・水野、2001）によると、点字ブロックが移動に役に立っているかを尋ねたところ、89％の者が「役に立っている」と答えている。設置してほしい場所として、主要な歩道、交差点、駅のホーム、駅構内、公共施設の周辺、バス停、階段等さまざまな回答が挙げられており、広範囲の設置を望んでいることが確認された。

　しかし、実際に設置されている点字ブロックを見ると、設置の仕方が誤っていたり、設置方法に統一性がないケースが数多く存在する。点字ブロックを頼りにして歩いたところ、設置の仕方が適切でなかったために階段から落ちてしまった、横断歩道に飛び出してしまった、車道に迷い出てしまったという視覚障害者の声をしばしば聞く。点字ブロックの普及は望ましいことであるが、視覚障害者がそのブロックの意味を理解し（「この警告ブロックは分岐点を表している」「横

断歩道の前である」等と視覚障害者がわかること）、自分の歩く方向と今いる位置を正しく認識することを支援できるように設置しなければ意味がない。前述の国際交通安全学会が行った調査においても、半数以上の視覚障害者が「点字ブロックの設置の仕方が不統一で危険であるため、早急に統一してほしい」と述べている。このことからも、統一された適切な設置をすることが緊急に求められていると言えよう。

2節 ブロックの種類

■ 誘導ブロックと警告ブロック

点字ブロックには2種類ある。進行方向を示す誘導ブロック（形状から「線状ブロック」と記しているものがあるが、本書では「誘導ブロック」を用いる；図1-1）と危険箇所や誘導対象施設等の位置を示す警告ブロック（形状から「点状ブロック」と記しているものがあるが、本書では「警告ブロック」を用いる；図1-2）である。

■ 図1-1：誘導ブロック

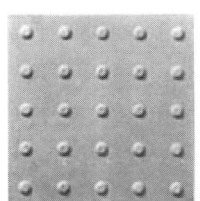
■ 図1-2：警告ブロック

警告ブロックは注意すべき位置を示すブロックである。階段前、横断歩道前、誘導ブロックが交差する分岐点、案内板の前、障害物の前、駅のホームの端などに設置されている。誘導ブロックは、視覚障害者がブロックの突起を足裏あるいは白杖で確認して突起の方向にしたがって進むことができるように設置されており、視覚障害者がその上を安全に歩行できることが前提となっている。

■ 設置方法の統一化（道路の移動円滑化整備ガイドライン作成）

以前は、ブロックの形状や大きさが不統一であったが、通商産業省（現、経済産業省）が標準化に関する研究を行い、2000年にブロックの突起、形状、寸法及び配列に関する統一した規格を示した。それにより、現在設置されている点字ブロックは、以下の形状、寸法及び配列にしたがっている。ここでは、「道路の移動円滑化整備ガイドライン」に示されている内容を紹介する（なお、一部、筆者が表現を変えている箇所がある）。

① 誘導ブロックの形状・寸法及び配列
・線状突起の形状・寸法及び配列は図1-3のとおりである。
・線状突起の本数は4本以上で、ブロックの大きさに応じて増やす。

・誘導ブロック等を並べて設置する場合は、ブロック等の継ぎ目（突起の長手方向）部分における突起と突起の上部での間隔は30mm以下。

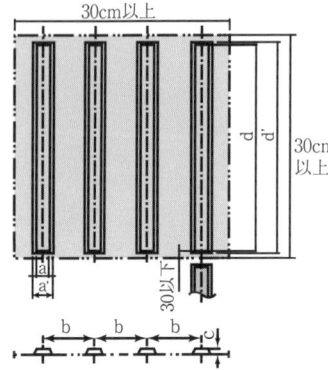

記号	寸法	許容差
a	17	+1.5 0
a'	a+10	
b	75	
c	5	+1 0
d	270以上	
d'	d+10	

(単位：mm)

■図1-3：誘導ブロックの形状・寸法及び配列

② 警告ブロックの形状・寸法及び配列

・点状突起の形状・寸法及び配列は図1-4のとおりである。
・点状突起を配列するブロック等の大きさは300mm（目地込み）四方以上。
・点状突起の和は25（5×5）以上で、ブロックの大きさに応じて増やす。
・警告ブロック等を並べて設置する場合は、ブロック等の継ぎ目部分における点状突起の中心距離は55〜60mm+10mm以下。

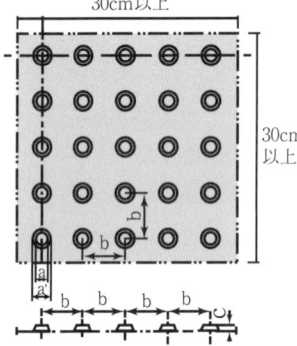

記号	寸法	許容差
a	12	+1.5 0
a'	a+10	
b	55〜60	
c	5	+1 0

(単位：mm)

■図1-4：警告ブロックの形状・寸法及び配列

3節
設置指針と設置方法

　点字ブロックは国土交通省道路局「視覚障害者誘導用ブロック設置指針・同解説」（以下、設置指針と記す）及び「道路の移動円滑化整備ガイドライン」に基づき、各自治体の条例等にしたがって設置されている。

「道路の移動円滑化整備ガイドライン」には、図1－5－1～1－5－3に示すように基本的な設置の仕方が示されている。

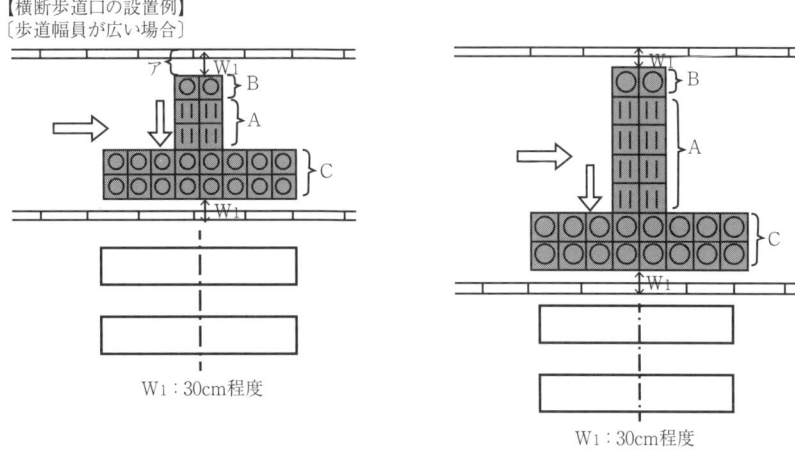

■ 図1－5－1：設置指針に示された点字ブロックの基本的な設置方法1

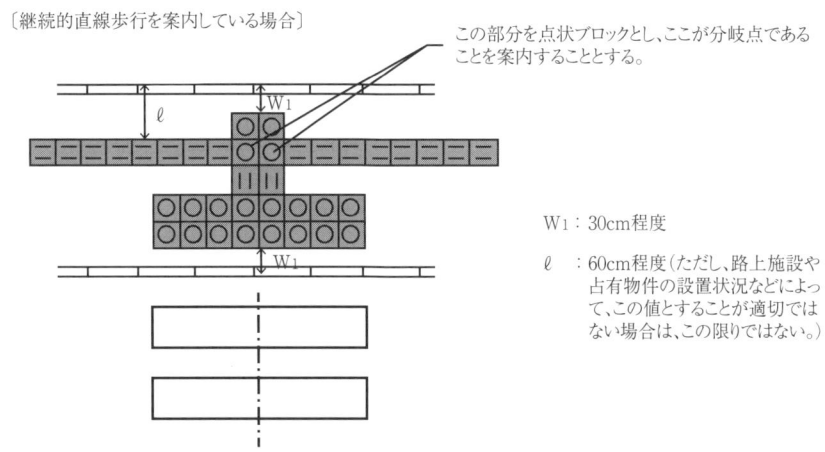

■ 図1－5－2：設置指針に示された点字ブロックの基本的な設置方法2

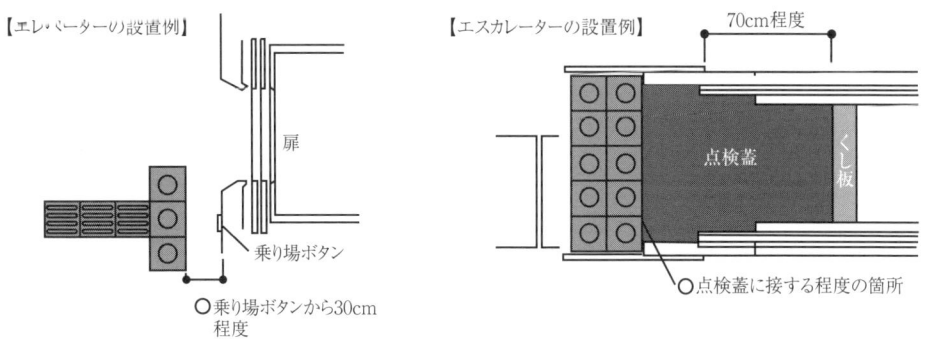

■ 図1－5－3：設置指針に示された点字ブロックの基本的な設置方法3

4節
日常の中の点字ブロック

■ 身近な存在となった点字ブロック

　点字ブロックはいまや日本国内の至るところに存在する。北は北海道の宗谷岬（一般の人々が公共交通機関で到達できる日本最北端の地：写真1－1）から南は沖縄県の波照間島（一般の人々が公共交通機関で到達できる日本最南端の島）の空港（写真1－2）に設置されている。また、札幌の時計台（巻頭写真の口絵38）、東京の国会議事堂（口絵39）、松山の道後温泉（口絵40）、広島の原爆ドーム（口絵41）、高知のはりまや橋（口絵42）、名古屋城（口絵43）等日本を代表する建物の前にも設置されている。いまや町の中を歩けば必ず点字ブロックを目にすると言っていいほど広く普及している。最近では、トイレの便器の脇にもブロックが設置されるようになっ

■ 写真1－1：日本の最北端にある点字ブロック（北海道稚内市宗谷岬の日本最北端の碑）

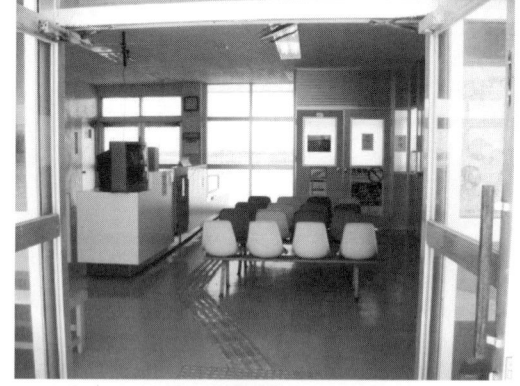

■ 写真1－2：日本の最南端にある点字ブロック（沖縄県八重山諸島波照間空港）

■ 写真1－3：和式便器脇に設置されているブロック。これによって、便器の中に足を入れてしまう危険を避けることができる。

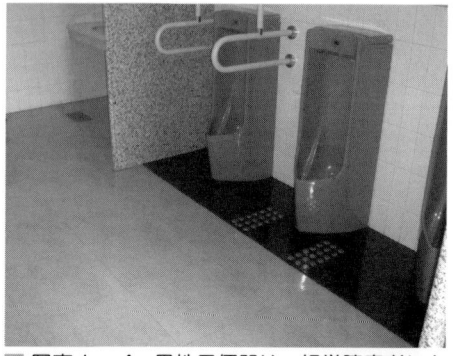

■ 写真1－4：男性用便器は、視覚障害者にとっては便器の前に立っているのか、便器と便器の間に立っているのかがわかりにくいので、どこに足を置けばよいのかがわかるブロックの存在は大変有効である。

ている（写真1-3、1-4）。

　また、ファッション雑誌などでモデルの写真の背景にも点字ブロックが頻繁に映りこんでいる（図1-6）。横断歩道の前や階段の前での撮影では点字ブロックが映っていることが多い。点字ブロックがあることによってファッションが台無しになることはなく、設置されていることが当たり前の風景となっている。

　さらに、点字ブロック饅頭（写真1-5）、点字ブロックがプリントされたTシャツ（写真1-6）等も販売されており、一般の人々により身近な存在になっている。

　小学校や中学校で使用されている教科書にも点字ブロックがしばしば取り上げられている（徳田・水野・松村・新井，2004）。たとえば、生活科では「街の中に障害者や高齢者が安全に暮らすためにどのような施設や設備があるのか」を発見させる題材の中で点字ブロックを紹介し、社

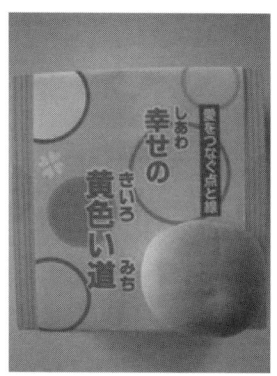
■写真1-5：岡山県で発売されている点字ブロック饅頭。岡山県が点字ブロックの発祥の地であることを記念して岡山市内の国道にモニュメントが建てられたことにちなんでこのお菓子が誕生した。

■図1-6：女性用のファッション雑誌の1シーン。さりげなく点字ブロックが写っている。（『Oggi』2010年7月号、小学館）

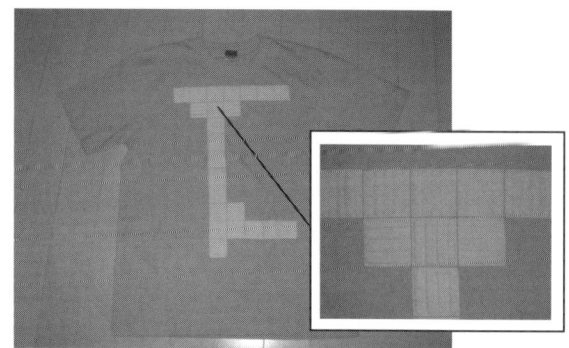
■写真1-6：点字ブロックがプリントされたTシャツ。誘導ブロック、警告ブロックともにある。表面には凹凸加工が施されており、線状突起、点状突起がさわってわかるようになっている。（「ちくわぶ」にて購入）

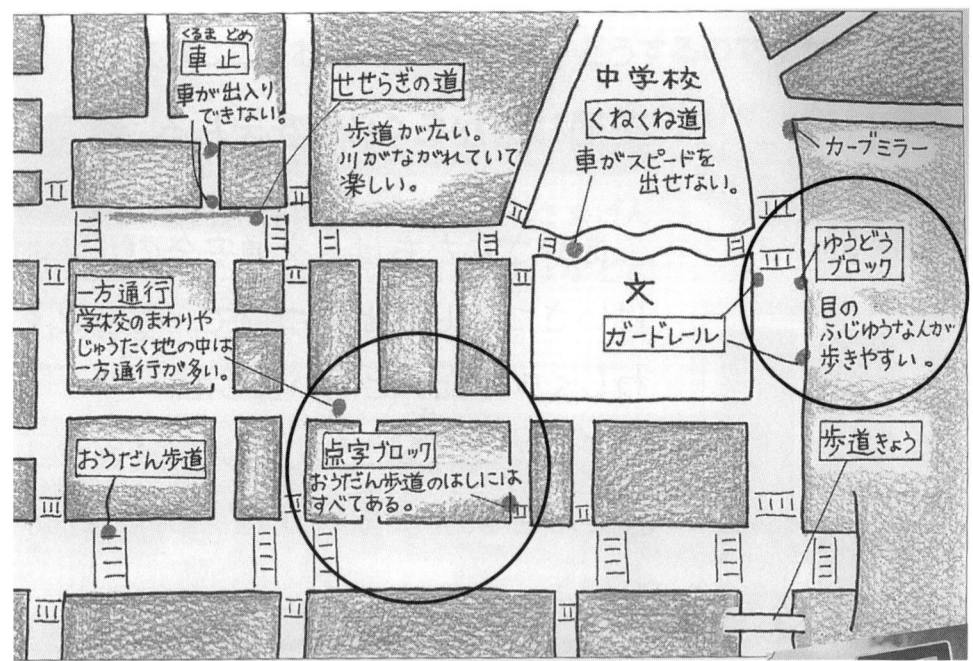

■ 図1－7：教科書の中で取り上げられている点字ブロック。この教材の中では、市民が安全に暮らすために街の中にどのような工夫があるのかを調べ、そこから点字ブロックを学習できるような作りになっている。（『新しい社会3・4上』、小学3，4年、東京書籍）

■ 図1－8：道徳副読本の中で登場する点字ブロック。（『どうとく』、小学3年、光村図書）

会科では視覚障害者の交通安全を図る設備として点字ブロックを説明している（図1－7）。その他にも、国語や道徳副読本にも交通バリアフリーに関する内容が扱われており、その中で点字ブロックの機能が解説されていたり、ブロックの上に障害物があるといかに視覚障害者に危険であるのかが説明されている（図1－8）。

幼児向けのテレビ番組でも点字ブロックが取り上げられることがある。その番組では、番組のホームページでも番組内で紹介した内容を見て、復習することができるようにしているだけでなく、点字ブロックの型紙をダウンロードして、点字ブロックの敷き方を遊びながら学ぶことができるような工夫がされている（図1－9）。

■ 啓発活動の必要性

このように点字ブロックは日常生活の中に当たり前のようにあるものになり、学校でもその意義を教えられるようになっている。しかし、ブロック上に自転車やごみ箱、店の商品等の障害物が置かれてしまうケー

スが後を絶たない。子どもの頃から、点字ブロックは視覚障害者になくてはならない設備であること、その上に障害物を置いてはならないことを伝えられるとともに、一般の人々にも同様の啓発活動が必要になる。現在は、ポスターや看板での啓発活動がしばしば見られる（写真1－7、1－8）。

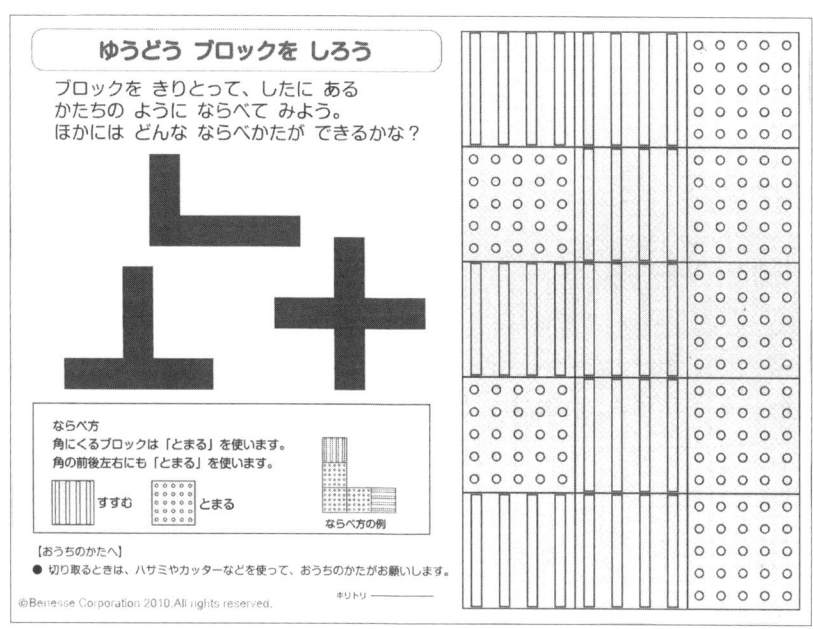

図1－9：幼児向け番組のホームページに掲載されていた点字ブロックのパズル。パズル感覚で楽しく遊びながら点字ブロックについて学んでいくことができる内容になっている。（「はっけん　たいけん　だいすき！しまじろう」テレビせとうち制作より）

写真1－7：点字ブロックの上に自転車を停めないように啓発する表示。（富山市）

写真1－8：点字ブロックの上に自転車を停めないように啓発する表示。なぜ点字ブロック上に自転車を停めてはいけないのかを説明している。（大阪市）

第2章 海外における点字ブロックの設置状況

(スペイン・マドリッド)

I 節

アジア

①韓国　④台湾　⑦シンガポール　⑩インド　⑬カンボジア
②中国　⑤香港　⑧マレーシア　⑪フィリピン　⑭ベトナム
③北朝鮮　⑥マカオ　⑨インドネシア　⑫タイ　⑮モンゴル

1 韓 国 ─ Korea

　韓国では、歩道、地下鉄・鉄道駅の構内及びプラットホーム、公共施設、大型ショッピングセンター等のさまざまな場所に、日本とほぼ同一のルールによって警告ブロックと誘導ブロックが設置されている。使用されているブロックの形状も、ソウル市内の一部の地下鉄（写真2－1）を除いて、ほぼ同じである。ブロックの色は、黄色、シルバー、茶色、白、灰色等がある。日本の設置の仕方をそのまま採用しているため、結果的に日本と同様の誤りが多くなっている（写真2－2、2－3）。

■写真2－1（ソウル）：一部の地下鉄で使用されているブロック。いわゆるご当地ブロックである。

■写真2－2（ソウル）：ブロック上に車止めが置かれている。

■写真2－3（ソウル）：不必要に折れ曲がって配置されているブロック。

2 中国 ──────── China

　北京、上海、大連、瀋陽、広州等の主要都市では点字ブロックが広範囲に設置されている。大都市の郊外にも貼り巡らされており、設置されている総距離においては日本に次いでいると思われる。設置方法は日本とほぼ同じであり、警告ブロックと誘導ブロックが用いられている。ただし、広州の一部では誘導ブロックが交差する部分（通常、警告ブロックを設置する部分）にブロックを貼らないという独自のルール（ご当地ルール）を採用している箇所がある（写真2－4）。ブロックの色は、黄色、灰色、緑、茶色、ベージュ等である。中国では、日本の設置の仕方をそのまま取り入れているため、日本と同様の誤りが多い。また、メンテナンスが行き届いておらず、あちらこちらでブロックが割れたままの状態で放置されている。

　北京オリンピックが開催された年には「点字ブロックの上に物を置かないように」と警告する文章がブロック上に貼られていた（写真2－5、2－6）が、オリンピック閉幕後はブロックそのものが撤去されてしまっている箇所があった（写真2－7）。

■写真2－4（広州）：誘導ブロックが交差する部分にブロックを貼っていない。いわゆるご当地ルールである。

■写真2－5（北京）：北京オリンピック開催時に「点字ブロックの上に物を置かないように」と警告する文章をブロック上に貼っている様子。

■写真2－6（北京）：警告の文章を貼り終えた状態。

■写真2－7（北京）：写真2－6を撮影した1年後（北京オリンピックの翌年）に、同じ場所を訪れたら、警告の文章だけでなく、ブロックもなくなってしまっていた。

3 北朝鮮 ──────── North Korea

　北朝鮮の開城市の郊外にある開城工業地区の横断歩道前には、日本と同じ形の誘導ブロックと警告ブロックが日本と同一の方法で設置されている（写真2－8、2－9）。この工業地区は、韓国が技術と資本を提供して工業団地、道路等のインフラ整備をしている。韓国は日本と同じ形状のブロックを用い、設置方法も同じであるため、北朝鮮も日本と同じブロック、設置方法になったと考えられる。ブロックの色は黄色であった。

写真2－8（開城）：開城工業地区の横断歩道前に設置されているブロック。

写真2－9（開城）：開城工業地区のブロック。

4 台湾 ──────── Taiwan

　台湾では、韓国、中国と同様に、日本とほぼ同一のルールにしたがって警告ブロックと誘導ブロックが設置されている。ブロックの色は黄色が多く、その他に灰色が使われている。横断歩道前のすりつけ部の全面に点字ブロックを設置し（写真2－10）、車いす使用者等のバリアになっているケースが多い。また、市内の中心部の歩道には多くの段差があるが、段差の前に警告ブロックが設置されていることはほとんどなく、視覚障害者には不親切な設置であると言わざるを得ない。また、ブロック上にオートバイが停められていることが多く、ブロックの上を歩くことは実質的に不可能である箇所が多い（写真2－11）。

写真2－10（台北）：横断歩道前のすりつけ部の全面にブロックが設置されている。

写真2－11（台北）：多くの歩道ではブロック上にオートバイが駐輪されている。

5 香港 ────────────────── Hong Kong

　香港では、鉄道駅とその周辺、市内の横断歩道前に日本と同じ形の警告ブロックと誘導ブロックが設置されている（写真2−12）。また一部の国鉄駅のプラットホームには、誘導ブロックが設置されている。なお、鉄道が停車した際にドア付近になる部分は警告ブロックにしている。その30 cm 線路寄りに転落防止のための高さ約5 mm の1本の線状の突起が設置されている（写真2−13）。駅のプラットホームでは、安全に移動できること、転落しないこと、乗車のためのドアの位置がわかることが必要であり、香港の国鉄駅ではそのための配慮がなされていると言えるが、線状の突起は香港独自の方法である。プラットホームの上では転落防止のために警告ブロックを設置することが一般的に行われている方法であるので、日本等の方式に統一することが望ましいと言えよう。

　ブロックの色は黄色、シルバー、黒、灰色、緑、茶色である。ブロックの設置方法は日本とほぼ同じである。

■写真2−12（香港）：横断歩道前に設置されているブロック。

■写真2−13（香港）：プラットホームに設置されている誘導ブロックと転落防止のための線状の突起。通常、転落防止には警告ブロックを用いるため、はじめてこの駅を利用する視覚障害者には、線状突起の意味がわからないと思われる。

6 マカオ ────────────────── Macao

　マカオでは、繁華街の横断歩道や歩道橋、エスカレータの前に日本と同じ形状の警告ブロックがある（写真2−14）。2010 年に調査した時点では、誘導ブロックが設置されている箇所はなかった。ブロックの色は黄色である。

■写真2−14（マカオ）：歩道橋、エスカレータ前に設置されている点字ブロック。

7 シンガポール ──────────────────── Singapore

　シンガポールでは、地下鉄駅を中心に警告ブロックと誘導ブロックが設置されている。その設置のルールは日本とほぼ同じである。また、市街地の横断歩道前や歩道橋前等に警告ブロックが設置されている（写真2－15）。ただし、警告ブロック上に車止めが置かれているケースが多く、視覚障害者には危険である（写真2－16）。ブロックの色は、シルバー、黄色、灰色である。

■写真2－15（シンガポール）：市街地の横断歩道、中央分離帯に設置されているブロック。

■写真2－16（シンガポール）：ブロック上にある車止め。

8 マレーシア ──────────────────── Malaysia

　クアラルンプールでは、鉄道駅、地下鉄駅、LRT駅、モノレール駅を中心に、駅及び駅周辺の歩道にブロックが設置されている。日本と同一のルール及びブロック（警告ブロック、誘導ブロック）が用いられている箇所と、写真2－17のように通常、誘導ブロックが設置される部分のタイルを掘り込み、それらが交差する部分や立ち止まるべき部分には警告ブロックが設置されている箇所がある。鉄道駅やLRT駅では後者のタイプを用いているケースが多いが、1箇所でこの2種類が混在している場所もある。さらに、LRT駅のプラットホームには、写真2－18、2－19のように警告ブロックを設置すべきホームの端、階段にタイルを掘り込んでいるケースがある。このタイプでは、足の裏の感覚では認識しづらく、ホームの端であること、階段手前であることがわからず、転落する危険がある。ブロックの色は、黄色、シルバー、灰色が用いられている。

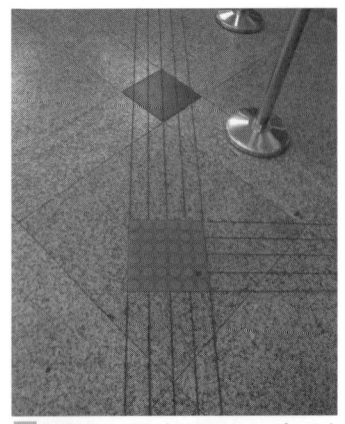

■写真2－17（クアラルンプール）：誘導ブロックを設置すべき部分のタイルを掘り込み、溝にしている。

■写真2－18（クアラルンプール）：プラットホームの端のブロック。通常は警告ブロックを設置するが、ここではタイルを掘り込んで溝状になっている。

■ 写真2-19(クアラルンプール):階段前のブロック。

9 インドネシア　　　　　　　　　　　　　　　　　　　　　　　　　　　　_Indonesia_

　ジャカルタ市内のビジネス街であるジャランタムリン地区の歩道上には、写真2-20のように、駐車場の入り口を示すために警告ブロックが設置されている。これらは、この地区独自の設置方法である。駐車場の入口がある箇所のほとんどにこのタイプのブロックが設置されているため、設置数は非常に多い。

　また、バリ島ではクタ地区や州都であるデンパサールに日本と同様の形状の誘導ブロックと警告ブロックを日本と同じ方法で設置している。ただし、マンホールの上に誘導ブロックを設置しておらず、しかも歩道上のマンホールの数が多いため、数メートルおきにブロックが途切れる状態になっている（写真2-21）。さらに、ブロックの上に家や店が建てられている箇所が目立ち（写真2-22）、ブロックの意味が市民に理解されていないとことがうかがわれる。

■ 写真2-20（ジャカルタ）:駐車場の入り口を示すための設置方法。

■ 写真2-21（バリ島）:マンホールがあるたびにブロックが途切れてしまっている。

■ 写真2-22（バリ島）:ブロック上に家を建ててしまっている。

10 インド ——————————————————————— India

　デリー市内の地下鉄の駅構内及びバス停付近（写真2－23、2－24）、市内の一部の地域の歩道（写真2－25）に日本と同じ形状の警告ブロックと誘導ブロックが設置されている。ただし、地下鉄のプラットホームでは誘導ブロックはあるものの、転落防止のための警告ブロックは設置されていない（写真2－26）。ブロックは主に黄色が用いられている。

■写真2－23（デリー）：バス停に設置されているブロック。

■写真2－24（デリー）：デリー市内の有名な寺院の前のバス停に設置されているブロック。

■写真2－25（デリー）：デリー市内の歩道に設置されている誘導ブロック。

■写真2－26（デリー）：デリー市内の地下鉄駅のプラットホーム。誘導ブロックは設置されているが、転落防止のための警告ブロックはない。

11 フィリピン ——————————————————————— Philippines

　フィリピンの国内で点字ブロックが設置されていたのは、マニラ市内の鉄道駅のプラットホームのみであった（巻頭の口絵11）。ブロックの色は黄色であった。ただし、視覚障害者用というわけではなく、黄色のすべり止めとして設置されている可能性もある。

12 タイ ── Thailand

　バンコク市内の多くの歩道には、警告ブロックと誘導ブロックの2種類のブロックが設置されている。また、地下鉄駅やモノレール駅の階段前後には警告ブロックが設置されている。ただし国鉄駅には構内及びプラットホームにブロックは設置されていない。設置のルールは日本とほぼ同じである。ブロックの色は黄色あるいは灰色である。また、修理されないままに放置されているケースも多い。さらに、バンコクでは、ブロック上に露店が出店されるケースがしばしば見られる（写真2－27）。

■写真2－27（バンコク）：ブロック上に開かれている露店。

13 カンボジア ── Cambodia

　プノンペン市内の中心部から少し離れた、在カンボジア日本大使館のほど近くに、警告ブロックと誘導ブロックが設置されている箇所がある（写真2－28）。設置方法は日本と同じである。しかし、この地域の住民はブロックの意味を理解しておらず、ブロック上に店の品物を陳列していたり（写真2－29、写真2－30）、車やオートバイを停めている。ブロックの色は黄色であった。

■写真2－28（プノンペン）：プノンペン市内に設置されている点字ブロック。設置されているのは、プノンペン市内でもこの通りのみである。

■写真2－29（プノンペン）：ブロック上に店の商品が陳列されている。

■写真2－30（プノンペン）：木工所は、ブロック上に木材を置いている。

14 ベトナム ———————————————— Vietnam

　2007年からホーチミン市内の中心部の歩道にブロックが設置されるようになり、その後、少しずつ設置される範囲が広がっている（写真2－31）。1枚のブロックの幅が広く、約60cmである（写真2－32）。ブロックの色は灰色と黄色である。

　横断歩道の前や車道の前でも誘導ブロックしか設置されていなかったり（写真2－33）、直角に曲がっている箇所や交差する箇所にも警告ブロックがなかったり（写真2－34）することがしばしばある。また、マンホールのふたに厚みがあり、地面との間に段差ができている箇所においても、マンホールの手前に警告ブロックが設置されることがない（写真2－35）。このままでは視覚障害者がつまずいて転倒してしまう。

写真2－31（ホーチミン）：ブロックの設置工事の様子。ホーチミン市内にはブロックが設置される箇所が少しずつ広がっている。

写真2－32（ホーチミン）：ホーチミン市内では、幅の広いブロックを使用している。ベトナムでは路上で移動屋台が出ることが多く、ブロックの上で人々が食事をする光景をよく目にする。

写真2－34（ホーチミン）：誘導ブロックが交差する箇所に警告ブロックが設置されていない。

写真2－33（ホーチミン）：車道への飛び出しをうながしているような誘導ブロックである。車道に差しかかる箇所に警告ブロックがないことが原因である。

写真2－35（ホーチミン）：マンホールによって誘導ブロックが途切れている。しかも、マンホールのふたに厚みがあるため、視覚障害者がつまずいてしまう危険がある。マンホール前に警告ブロックを設置するなどして、立ち止まらせる必要がある。

15　モンゴル　　　　　　　　　　　　　　　　　　　　　　　　　　Mongolia

　ウランバートル市内には、日本と同じ形状のブロックが設置されている（写真2－36）。ブロックの色は黄色である。設置方法はほぼ日本と同様であるが、時折、設置した目的がわからないブロックをみかける（写真2－37）。また、横断歩道前に誘導ブロックしか設置されておらず、車道に飛び出してしまう危険があるケース（写真2－38）やブロック上に家屋が建てられているケース（写真2－39）がある。

　設置されてから数年が経過しているようで、突起を足で把握できないほどに表面が摩耗しているブロックが多かった。また、ブロックが割れたままで放置されている箇所も目立った。

■写真2－36（ウランバートル）：ウランバートル市内に設置されているブロック。車道前には日本と同様の形状の警告ブロックが使用されている。

■写真2－37（ウランバートル）：横断歩道前に誘導ブロックを設置している。なぜこのような設置をしているのかがわからない。

■写真2－38（ウランバートル）：横断歩道前に誘導ブロックしか設置されていない。横断歩道があると気づかずに、車道に飛び出してしまう危険がある。

■写真2－39（ウランバートル）：ブロック上に家屋が建てられてしまっている。

2節 ヨーロッパ

- ①イギリス
- ②フランス
- ③ドイツ
- ④ポルトガル
- ⑤ベルギー
- ⑥オランダ
- ⑦イタリア
- ⑧オーストリア
- ⑨スロバキア
- ⑩スイス
- ⑪スペイン
- ⑫ノルウェー
- ⑬スウェーデン
- ⑭フィンランド
- ⑮デンマーク
- ⑯トルコ
- ⑰ギリシャ
- ⑱ポーランド

1 イギリス ─ United Kingdom

　ロンドンでは、市内の至るところに点字ブロックが設置されている。それらは繁華街の付近だけでなく、歴史的建造物（ビッグベン、バッキンガム宮殿、大英博物館：写真2-40）の付近にもある。イギリスでは、Department for Transport が設けた独自の基準に基づいてブロックが設置されている。ブロックには、点状のブロック、線状のブロック、ドロップ（lozenge）状のブロック（図2-1）の3種類がある。3種類ともに注意を促すためのものであり、誘導の機能はない。ただし、ドロップ状のブロックは路面電車のプラットホームの端に設置することになっているため、路面電車が走っていないロンドン市内には設置されていない。

　ブロックの設置箇所は、主に横断歩道前、中央分離帯、駅のプラットホーム、階段の前後である。設置基準によると、横断歩道前、中央分離帯、駅のプラットホームに点状のブロックを、階段の前後に線状のブロックを設置することになっている。また、横断歩道前では、その形態によってブロックの色を変えることになっている。歩行者優先道路（Zebras）、押しボタン式横断歩道（Puffins）、センサー付き横断歩道（Pelicans）の前には赤色のブロックを、それ以外の道路（車優先道路）の前には赤色以外（黄色や灰色等）のブロックを用いている。色の違いは、弱視者が横断歩道を安全に渡るためである。ただし、実際には必ずしも上記の設定の色になっていない箇所も少なくなく、また修理する際に一部違う色のブロックがはめ込まれることもある。押しボタン式横断歩道では、ブロックはL字型であり、L字の角に押しボタンがくるように設置されている（写真2-41）。

　階段では、階段の縁とブロックの線の方向が平行になるように、階段の前後に線状ブロックが設置されている（写真2-42）。

■写真2-40（ロンドン）：バッキンガム宮殿前の点字ブロック。

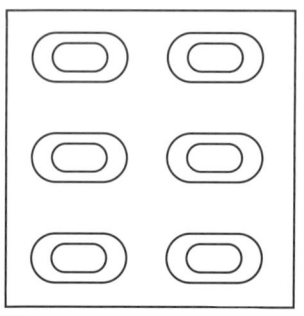

■図2-1：ドロップ状のブロック。

写真2－41（ロンドン）：L字型に設置してある点字ブロック。

写真2－42（ロンドン）：階段の前を示す線状ブロック。

2 フランス ———————————————————————— France

　パリでは、横断歩道前、地下鉄駅の屋内外の階段前、地下鉄駅及び鉄道駅のプラットホームに警告ブロックが設置されている（写真2－43）。一部の地域では、横断歩道上に誘導機能をもったブロックが設置されている（写真2－44）。ブロックの色は白が最も多く、他には薄い黄色、灰色、黒が用いられている。パリでは、凱旋門、ノートルダム寺院、オペラ座、ルーブル美術館、コンコルド広場等の歴史的建造物の付近には景観を守るために地下鉄駅の看板等の目立つ人工物を掲げていないが、点字ブロックは例外であり、目立つ色（白、黄）のブロックが設置されている（写真2－45）。

　近年、パリではバリアフリーに力を入れており、実験的な試みが行われている。たとえば国鉄モンパルナス駅では、独自の形状のブロックと設置方法が用いられている（写真2－46）。ここではゴムの素材で作られた線状ブロックのみが用いられており、ブロックが交差する部分、障害物の前等の一般に警告ブロックが設置されるべきところにはこのブロックの設置面積を大きくしている。

写真2－43（パリ）：横断歩道に設置されている点字ブロック。

写真2－44（パリ）：横断歩道上にある誘導機能をもった点字ブロック。

■ 写真2-46（パリ）：モンパルナス駅に設置されている点字ブロック。

■ 写真2-45（パリ）：ノートルダム寺院前にある点字ブロック。

3 ドイツ —————————————————————————— Germany

　フランクフルトでは、鉄道駅及び地下鉄駅の構内やプラットホーム、トラム駅のプラットホームにブロックが設置されている。ブロックの色は白が多く、その他に灰色がある。鉄道駅では日本と同様の形状の警告ブロックを用いている。鉄道駅で用いられている誘導ブロック、地下鉄駅やトラム駅で用いられている警告ブロックの形状はドイツ独自のものである。鉄道駅の誘導ブロックは細い線状の突起でできている（写真2-47）。鉄道駅のプラットホームには、誘導ブロックは設置されているが、警告ブロックはなく、プラットホームの端に細かい点状の突起のついた滑り止めがあるのみである。トラム駅では、鉄道駅で用いられている誘導ブロックが使われているが、プラットホームの端、ブロックが交差する部分に警告ブロックが使われることはない（写真2-48）。地下鉄駅では、プラットホームの端のみに警告ブロックを用いている駅（写真2-49）とトラム駅と同様のルールでブロックが設置されている駅があり、統一されていない。

■ 写真2-47（フランクフルト）：鉄道駅で用いられている誘導ブロック。

■ 写真2-48（フランクフルト）：トラム駅の点字ブロック。

■写真2−49（フランクフルト）：地下鉄駅の警告ブロック。

4 ポルトガル ― Portugal

　リスボン市内には、地下鉄のプラットホームにしかブロックは設置されていない。プラットホームには、日本と同じ形状の警告ブロックがある（口絵19）。色は黄色である。

5 ベルギー ― Belgium

　ブリュッセルでは、横断歩道前、地下鉄駅及び鉄道駅の構内やプラットホーム、バス停等にブロックが設置されている。ブロックの色は、灰色が多く、他に黄色、シルバー、黒が使われている。ブリュッセルでは、日本と同様のブロック（警告ブロック、誘導ブロック）及びルールを用いて設置している箇所と、ベルギー独自の形状のブロックや設置方法を用いている箇所がある。ベルギー独自のブロックの1つに、直径85mm、高さ8mm程度の金属の円盤状のものがある（写真2−50）。日本では警告ブロックの突起は直径22mm（誤差±1.5mm）、高さ5mmに規定されている。これは、視覚障害者への移動支援という視点だけでなく、車いす使用者や高齢者等が移動する際に点字ブロックのバリアが軽減されるように考慮されているからである。ベルギーの金属円盤型のブロックは面積が大きいこと、高さがあること、金属板であり滑りやすいこと等から、車いす使用者、高齢者、幼児等にとって大きなバリアになっていると考えられる。

　また、市内の一部に、警告をするべきところ（階段前やエスカレータ前等）の路面に線状の金属を埋め込んでいるところがある（写真2−51）。このブロックは突起の高さが3mm程度であり、車いす使用者や高齢者の移動のバリアにはならないが、視覚障害者がこのブロックの存在を足の裏や杖で認識することはむずかしいと思われる。さらに、写真2−51と同様の線状の金属を路面に埋め込み、誘導の機能をもたせているところがある（写真2−52）。その他に、誘導ブロックが交差する部分、バス停にゴム状の警告ブロックを設置している箇所がある（写真2−53）。

　ブリュッセルでは、このように何種類ものブロックやいく通りもの設置方法が混在している。このことが視覚障害者がとまどう原因になっている。

第2章　海外における点字ブロックの設置状況　ヨーロッパ

■ 写真2-50（ブリュッセル）：ベルギーで用いられている金属の円盤状のブロック。

■ 写真2-51（ブリュッセル）：線状の金属を埋め込んで階段の前であることを示している。

■ 写真2-52（ブリュッセル）：線状の金属を埋め込んで誘導している。

■ 写真2-53（ブリュッセル）：誘導ブロックが交差する部分の警告ブロックがゴム製になっている。

6 オランダ　　　　　　　　　　　　　　　　　　　　　　　　　　　　Holland

　アムステルダムでは、横断歩道前、中央分離帯、トラム駅及び地下鉄駅のプラットホームにブロックが設置されている。警告ブロックと誘導ブロックの両方があり、設置のルールは日本と同様である。日本と同じ形状のブロック（写真2-54）に加えて、オランダ独自の形状のブロックが使用されている。誘導ブロックの色は、白色、灰色が多く、警告ブロックは黄色または灰色である。誘導ブロックと警告ブロックが連続している箇所でも、ブロックの色を統一していないところが多い。

　オランダ独自のブロックは、写真2-55のように細い線が彫ってあるものである。このブロックは、表面に凹凸がほとんどなく、足の裏あるいは白杖では検知することはむずかしい。また、地下鉄駅のプラットホームでは路面を掘り込んで溝をつけている（写真2-56）。これも、視覚障害者にとっては認識しにくい。

■写真2−54（アムステルダム）：日本と同じ形状のブロックを使用している箇所。

■写真2−55（アムステルダム）：オランダ独自の警告ブロック。

■写真2−56（アムステルダム）：路面を掘り込んで溝をつけている箇所。

7　イタリア　　　　　　　　　　　　　　　　　　　　　　　　　　　　Italy

　ローマ市内には中心地の横断歩道前をはじめとして、鉄道駅や地下鉄駅の周辺地域や駅構内、プラットホーム等にブロックが設置されている（写真2−57、2−58）。ブロックの色は白、黄色、灰色である。日本と同じ形状のブロックを使用しているところもあれば、イタリア独自の形状のブロックもある。たとえば、写真2−59のように、内側にカーブで折れ曲がった線状の突起があり、その外側に点状の突起があるブロックがある。これは直角に曲がる箇所に設置されている。また、写真2−60のように、細い線状の掘り込みがされているブロックを階段前や障害物前等に設置している箇所もある。これらのブロックは足の裏の感覚や白杖で検知することがむずかしい。さらに、写真2−61のように、写真2−60のブロックと日本と同じ形状の警告ブロックの両方を階段前や横断歩道前に設置していることもある。この写真のケースの場合は、警告ブロックの幅が狭い。先にも述べたように、線が彫り込まれているブロックは視覚障害者がその存在を認識できず、警告ブロックも踏み越えてしまうと、この場で立ち止まれず、階段では転落、横断歩道前では車道への飛び出しの危険性がある。

■ 写真 2 − 57（ローマ）：バチカン市国のサン・ピエトロ寺院前の歩道に設置されているブロック。

■ 写真 2 − 58（ローマ）：ローマ市内の国鉄駅のプラットホームに設置されているブロック。

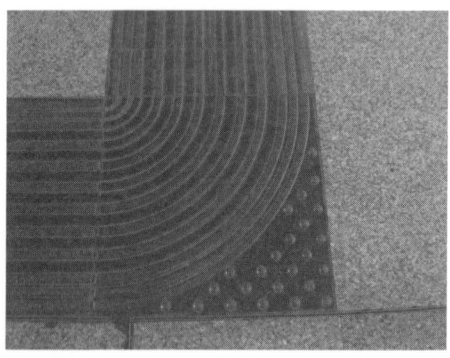

■ 写真 2 − 59（ローマ）：イタリア独自のブロック。直角に曲がる箇所に設置されている。

■ 写真 2 − 60（ローマ）：イタリア独自の警告ブロック。細い線状の彫り込みがされている。

■ 写真 2 − 61（ローマ）：イタリア独自の設置方法。イタリア独自の警告ブロックと日本と同じ点状突起のあるブロックを組み合わせている。

8 オーストリア ───────────────── Austria

　オーストリアには、日本と同じ形のブロックを用いている箇所と、オーストリア独自のブロックと設置ルールを用いている箇所がある。オーストリア独自のブロックとは、写真2－62のように、約3cm幅の線状の突起が数本並んでいるものである。横断歩道前や障害物のある箇所等、立ち止まるように注意を促す場所では線状の突起の向きが進行方向と垂直に交わるようになり、歩く時は突起の方向に進むようになっている（写真2－63、2－64）。また、駅のプラットホームの端も同様の方式で線状の突起が設置されている（写真2－65）。ブロックの色は白、灰色、黒である。

写真2－62（ウィーン）：オーストリア独自のブロック。3cm幅の線状の突起を使用している。

写真2－63（ウィーン）：歩く際には、線状の突起の方向に進むようになっている。

写真2－64（ウィーン）：階段前や横断歩道前等の立ち止まる場所には線状の突起を進行方向と垂直になるように設置している。

写真2－65（ウィーン）：国鉄駅のプラットホームの端に設置されているブロック。

9 スロバキア ───── Slovakia

　スロバキアの首都であるブラチスラバ市内の国鉄駅のプラットホーム及び市街地の横断歩道前にブロックが設置されている。ブロックの色は、黄色、灰色、赤である。プラットホームでは、ホームの端に日本と同じ形の警告ブロックが2列あった。1列は黄色、1列は赤である。その10 cm内側に線状の突起のブロックが2列あった（写真2－66）。1列は連続しているが、もう1列は1ブロックおきに設置されている。

　市街地の横断歩道前のブロックは設置のされ方に統一性がない。まず、写真2－67のように、進む方向を示すブロックと立ち止まることを示すブロックともに点状の突起のブロックを用いており、横断歩道に線状のブロックを用いているケースがある。一方、写真2－68のように、進む方向を示すブロックも立ち止まることを示すブロックも線状の突起のブロックを用いているケースがある。さらに、写真2－69のように線状突起のブロックを敷き詰め、その中に歩行者用押しボタンのあるポールが立っている箇所がある。

■写真2－66（ブラチスラバ）：スロバキアの国鉄駅のプラットホームに設置されているブロック。ホームの端を示す警告ブロックの内側に誘導ブロックもある。

■写真2－67（ブラチスラバ）：この横断歩道前に設置されているブロックは、立ち止まるためのブロックも進むためのブロックも点状の突起である。ただし、横断歩道のゼブラゾーンには線状のブロックが用いられている。

■写真2－68（ブラチスラバ）：この横断歩道前に設置されているブロックは、立ち止まるためのブロックも進むためのブロックも線状の突起である。

■写真2－69（ブラチスラバ）：横断歩道前に線状の突起のブロックが敷き詰められ、その中に歩行者用押しボタンがある。

10 スイス ― Switzerland

　チューリッヒ市内には、鉄道駅周辺と路面電車の乗降口にブロックが設置されている。

　鉄道駅では、駅構内と一部のホームにブロックがある。ブロックはスイス独自の形状である（写真2−70）。進行方向を示すブロックは、幅約3cmの線状突起3列と約20cmの間を挟んで3列、つまり計6列並べたものである。階段、エレベータ、エスカレータ、チケット売り場、障害物の前等の立ち止まる箇所は線状突起を3cm間隔で10列並べている（写真2−71）。交差部分は階段前等と同じく線状突起を3cm間隔で10列並べている（写真2−72）。進行方向を示すブロックが直角に曲がる箇所には線状突起がそのまま曲げられているだけである（写真2−73）。一部のプラットホームには写真2−74のように誘導ブロックを設置している。ブロックの色は白である。

　路面電車では、乗降口に70〜80cmの線状突起を乗車方向と垂直の向きに15本程度設置している（写真2−75）。

写真2−70（チューリッヒ）：スイス独自の進行方向を示すブロック。

写真2−71（チューリッヒ）：障害物前のブロック。

写真2−72（チューリッヒ）：進行方向を示すブロックが交差する箇所。

写真2−73（チューリッヒ）：直角に曲がる箇所には線状突起がそのまま曲げられているだけである。

■ 写真2-74（チューリッヒ）：国鉄駅のプラットホームに設置されている点字ブロック。

■ 写真2-75（チューリッヒ）：路面電車の乗降口に設置されている点字ブロック。

11 スペイン ———————————————————————— Spain

　マドリッド市内には、国鉄駅、地下鉄駅、市街地の広い範囲にブロックが設置されている。ただし、日本と同じブロックを同じ方法で設置している箇所と、独自の方法で設置している箇所が混在している。

　国鉄駅では、駅構内とプラットホームにブロックがある。進行方向を示すブロックは日本と同じような形で、線状突起が7～8列並んでいる（写真2-76）。それをエレベータ、階段前に進行方向と垂直になるように設置して警告ブロックの役割を持たせている（写真2-77）。ただし、エスカレータや自動ドアの前にはこのような設置はない（写真2-78）。分岐する箇所は日本と同じ形の警告ブロックを設置している。また、プラットホームには、この誘導ブロックとともに日本と同じ形の警告ブロックがある（写真2-79）。誘導ブロックはゴム製で床面に貼り付けているものと床を掘り込んでいるものがある。ゴム製は灰色、掘り込んでいるものは黒である。ホームの警告ブロックは黄色である。

　地下鉄駅では、券売機前にオレンジ色の線状突起がある（写真2-80）。駅構内の改札の前、エレベータの前、階段の前には線の細い突起が数列、進行方向と垂直になるように設置されている（写真2-81）。色は黄色である。プラットホームには日本と同じ形の警告ブロックがある。ただし、警告ブロックの途中に7～8 cmの白線（凸状にはなっていない）があり、約10 cmの警告ブロックと約15 cmの警告ブロックに分断されている（写真2-82）。色は黄色である。また、障害者用車両の乗降口付近のホームには、オレンジ色の線状突起が設置されている（写真2-83）。

　市街地の一部のバス停前に日本と同じ形の警告及び誘導ブロックがある（写真2-84）。警告ブロック1列を10枚程度、それに続くように誘導ブロック3列を24枚程度設置している。色は濃い灰色である。

　市街地の中心地の横断歩道、中央分離帯に日本と同じ形の警告ブロックがある。ただし、横断歩道前や中央分離帯の一面に設置されており、設置されている枚数が多すぎる（写真2-85）。色は赤、灰色である。さらに、中心地の一部には、日本と同じ形の誘導ブロックが設置されており、それらが分岐する箇所には日本と同じ形の警告ブロックがある（写真2-86）。色は濃い灰色である。

■ 写真2－76（マドリッド）：国鉄駅に設置されている進行方向を示すブロック。

■ 写真2－77（マドリッド）：国鉄駅の改札前に設置されているブロック。

■ 写真2－78（マドリッド）：国鉄駅のエスカレータ前には立ち止まることを示すブロックは設置されていない。

■ 写真2－79（マドリッド）：国鉄駅のプラットホーム。

■ 写真2－80（マドリッド）：地下鉄の券売機前の点字ブロック。

■ 写真2－81（マドリッド）：地下鉄駅の階段前に設置されている点字ブロック。

■写真2−82（マドリッド）：地下鉄駅のプラットホーム。

■写真2−83（マドリッド）：地下鉄の障害者用車両の乗降口付近に設置されている点字ブロック。

■写真2−84（マドリッド）：バス停に設置されている点字ブロック。

■写真2−85（マドリッド）：横断歩道前に設置されている警告ブロック。

■写真2−86（マドリッド）：市内の中心部に設置されている誘導ブロック。

12 ノルウェー ─────────────────────── Norway

　オスロ市内の国鉄駅や地下鉄の駅構内やプラットホーム、路面電車やバスの停留所、市内の交差点の前にブロックが設置されている。国鉄駅や地下鉄駅構内には、ノルウェー独自のブロックが用いられている。移動する方向に、ステンレス製の線状突起を10cm幅で2列並べて設置している箇所（写真2－87）や1列だけの線状突起が設置されている箇所がある（写真2－88）。それらの突起が交差する場所や改札の前、スロープの前には写真2－89のように線状突起を縦4列×横6列というように長方形になるように設置している。ただし、階段やプラットホームの前には日本と同じ形状の点状突起のブロックを用いている（写真2－90）。国鉄駅、地下鉄ともにプラットホームは日本と同じ形の警告ブロックを設置している。鉄道駅の警告ブロックは黒であり、地下鉄駅は路面と同じ濃い灰色である。

　路面電車のホームには日本と同じ警告ブロックを設置している。乗降口には進行方向に誘導ブロックが4〜5枚とそれに接続する形で横方向に誘導ブロックが3枚設置されている（写真2－91）。色は灰色であり、路面との区別はつきやすい。

　市内中心部の横断歩道前にはセメント製の警告ブロックが設置されている（写真2－92）。ブロック1枚あたりの面積は大きい。色は灰色であり、路面との区別はつきにくい。横断歩道の前に必ず設置されているというわけではない。

■ 写真2－87（オスロ）：国鉄駅に設置されている誘導ブロック。2列の線状突起が並んでいる箇所。

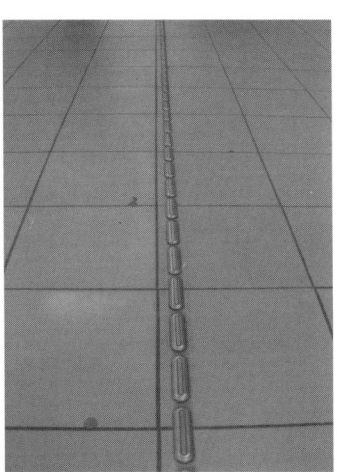

■ 写真2－88（オスロ）：国鉄駅に設置されている点字ブロック。1列の線状突起が設置されている箇所。

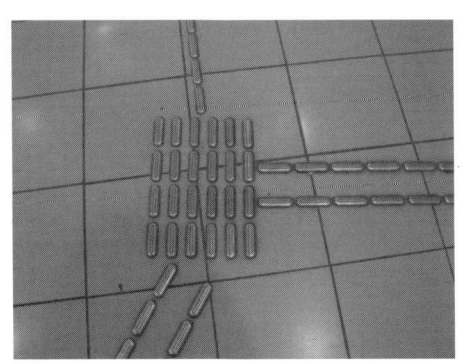

■ 写真2－89（オスロ）：国鉄駅に設置されている誘導ブロック。2列の線状突起が並んでいる箇所。

■写真2−90（オスロ）：国鉄駅の階段前に設置されている警告ブロック。

■写真2−91（オスロ）：路面電車の停留所に設置されている点字ブロック。

■写真2−92（オスロ）：横断歩道前に設置されている警告ブロック。

13　スウェーデン ─────────────── Sweden

　ストックホルムでは、地下鉄駅、バス停のほぼすべてにブロックが設置されているが、国鉄駅では一部のプラットホームのみに設置されている。地下鉄駅では、改札前に横断方向にステンレス製の3本の線状突起で改札の存在を示している（写真2−93）。プラットホームには誘導目的で、ステンレス製の線状突起が3本設置されている（写真2−94）。乗降口には、写真2−95のように交差するような形で線状突起が設置されている。

　バス停には、乗降口に日本と同じ形の警告ブロックが、それに続いて誘導ブロックが設置されている。色は路面と区別がつくように工夫している（写真2−96）。

国鉄駅では、一部のプラットホームに日本と同じ形の誘導ブロックがあるが、警告ブロックはない。色は路面と同じ灰色である。

　市街地にはほとんど点字ブロックはない。横断歩道前ではタイルの表面のきめを変化させている（写真2－97）が、足の裏での触知は極めて困難である。

■写真2－93（ストックホルム）：地下鉄駅の改札前に設置されている点字ブロック。

■写真2－94（ストックホルム）：地下鉄駅のプラットホームに設置されている点字ブロック。

■写真2－95（ストックホルム）：地下鉄駅のプラットホームの乗降口に設置されている点字ブロック。

■写真2－96（ストックホルム）：バス停に設置されている点字ブロック。

■写真2－97（ストックホルム）：横断歩道前は、周囲の床面ときめを変えている。

第2章　海外における点字ブロックの設置状況　ヨーロッパ

14 フィンランド ─────────────────────── Finland

　ヘルシンキ市内の国鉄駅、地下鉄、路面電車にはブロックの設置はない。市街地にもほとんどなく、設置されているのはバス関係施設のみである。バスセンターの建物内では、ステンレス製の線状突起1本で進行方向を示している（写真2－98）。交差部分は日本と同じ形の警告ブロックを用いている（写真2－99）。階段前、エスカレータ前には警告ブロックが設置されている（写真2－100）。

　バスセンター前の広場には、掘り込み式の誘導ブロックがある（写真2－101）。交差部は2本の誘導ブロックが重なっている状態である（写真2－102）。また、滑り止め用の砂で溝が埋まっており、足の裏ではブロックの存在を認識できない。さらに、点字ブロックの上に雪が積み上げられてしまっている（写真2－103）。

■写真2－98（ヘルシンキ）：1列の線状突起が設置されている箇所。

■写真2－99（ヘルシンキ）：線状突起が交差する箇所。

■写真2－100（ヘルシンキ）：階段前に設置されている警告ブロック。

■写真2－101（ヘルシンキ）：掘り込み式の誘導ブロック。

■ 写真2−102（ヘルシンキ）：誘導ブロックが交差する箇所。

■ 写真2−103（ヘルシンキ）：ブロックの上に雪が積み上げられてしまっている。

15 デンマーク ─── Denmark

　コペンハーゲンでは、国鉄駅、地下鉄、市街地の横断歩道前、観光地等のところどころにブロックが設置されている。しかし、設置方法はブロックが設置されている場所や管轄によって異なり、統一されていない。

　国鉄駅でも、駅によって、また同一の駅でもプラットホームによってブロックや設置方法が異なる。ある駅のプラットホームには日本と同じ形の誘導ブロック、警告ブロックが使用されている（写真2−104）。警告ブロックは、誘導ブロックが交差する箇所、階段前、エスカレータ前、エレベータ前にある。また、別の駅のプラットホームには金属の線状突起を1列に並べて進行方向を示すブロックがある（写真2−105）。線状突起が交わる箇所とエレベータ前には日本と同じ形の警告ブロックがある（写真2−106）。さらに別の駅の構内には鉄製の黒色の線状突起がある（写真2−107）。

　地下鉄では、駅構内及びプラットホームにステンレス製の線状突起が設置されている（写真2−108）。エレベータ前、階段前、ホーム柵の乗降口前には日本と同じ形の警告ブロックがある。エスカレータ前には警告ブロックはない。

　市街地には、横断歩道前にコンクリート製の警告ブロックが設置されている場所がある（写真2−109）。ブロックの幅は約60cm四方で、点状の突起の直径も大きい。また、観光地にある広い歩行者専用道路では日本と同じ形の誘導ブロックが設置されている箇所がある（写真2−110）。色は路面と同じ灰色である。王立劇場のチケット売り場や市庁舎前等の路面が石畳である箇所には鉄製の線状突起が設置されている（写真2−111）。石畳用の点字ブロックは世界的に見ても珍しいものである。ただし、途中でステンレス製の線状突起、石畳用の鉄製の線状突起、通常の誘導ブロックが連続している箇所がある（写真2−112）。通常の誘導ブロックや線状突起の交わる部分あるいは終わりを示す部分には日本と同じ形の警告ブロックがある（写真2−113）。また、他の地区の歩道には、線状突起を3本並べて進行方向を示している独自の形のブロックがある（写真2−114）。そのブロックが交わる箇所には日本と同じ形の警告ブロックがある。色は黄色である。さらに別の地区の歩道には、樹脂製の2本の線状突起で進行方向を示している箇所がある（写真2−115）。

写真 2-104（コペンハーゲン）：国鉄駅のプラットホーム。この駅には、通常の誘導ブロックが設置されている。

写真 2-105（コペンハーゲン）：国鉄駅のプラットホーム。この駅にはステンレス製の線状突起が設置されている。

写真 2-106（コペンハーゲン）：ステンレス製の線状突起が交差する箇所。

写真 2-107（コペンハーゲン）：鉄製の線状突起を設置している国鉄駅。階段前であるが警告をしていないので危険である。

写真 2-108（コペンハーゲン）：地下鉄駅に設置されているステンレス製の線状突起。

写真 2-109（コペンハーゲン）：横断歩道前に設置されている警告ブロック。

写真2−110（コペンハーゲン）：観光地の歩行者専用道路に設置されている誘導ブロック。

写真2−111（コペンハーゲン）：石畳用の鉄製のブロック。

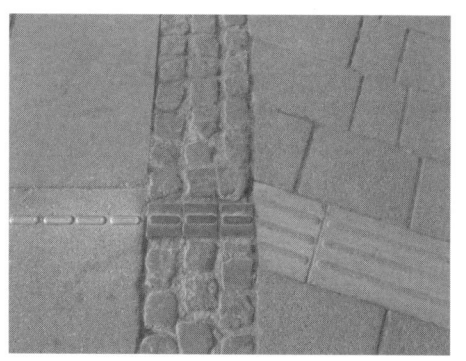

写真2−112（コペンハーゲン）：左からステンレス製のブロック、鉄製のブロック、通常の誘導ブロックが連続している箇所。

写真2−113（コペンハーゲン）：ブロックの終わりを示す警告ブロック。

写真2−114（コペンハーゲン）：線状突起を3本並べて、進行方向を示している独自の形のブロック。

写真2−115（コペンハーゲン）：樹脂製の2本の線状突起で進行方向を示している箇所。

第2章 海外における点字ブロックの設置状況

ヨーロッパ

16 トルコ ──────────────── Turkey

　イスタンブール市内の地下鉄駅構内、路面電車のプラットホーム、市街地の一部にブロックが設置されている。なお鉄道駅にはブロックはない。

　地下鉄駅は駅舎入り口からプラットホームまで連続してブロックがある。ただし、駅によってそれぞれ独自のブロックを使用している。たとえば、ある駅では、写真2－116のようにきめの荒いタイルを使用している。ここでは誘導用、警告用の区別がなく、ブロックが交差する箇所には特に何も施されていない。また、直角に曲がる箇所はそのまま曲げられている。なお、このブロックは足の裏や杖ではきわめて認識しにくい。別の駅では、写真2－117のようにステンレス製の点状突起を使用している。ここでも誘導用と警告用の区別はない。上下移動はエレベータを利用するようにブロックで誘導されているので、階段で転落することはないであろうが、自動改札前では立ち止まることができないため、フラップドアにぶつかる危険がある（写真2－118）。さらに別の駅では、幅約4cmの線状突起による彫り込み式のブロックが使用されている。そこでは、線状突起を5列並べて、進行方向を示している。

　また、階段前などの立ち止まる箇所では進行方向を示すブロックと同じ方向の線状突起を横に長く設置している（写真2－119）。このようなブロックでは、進行方向を示すブロック上を歩いてきた場合に、立ち止まらなければならない箇所を認識できない。地下鉄駅のプラットホームでは、日本と同じ形の警告ブロックを使用している駅もあれば、線状突起を設置している駅もある（写真2－120）。どちらも色は黄色である。

　路面電車のプラットホームには日本と同じ形の警告ブロックが設置されている。しかし、一部の駅では約10cmの極めて幅の狭いブロックが用いられており、線路への転落の危険がある（写真2－121）。色は黄色である。

　市街地の一部のブロックは写真2－122のように横断歩道の前にL字型に設置されている。L字の角には信号機の押しボタンが押せる位置にある。この設置の仕方はイギリスと同様である。ブロックの色は赤である。

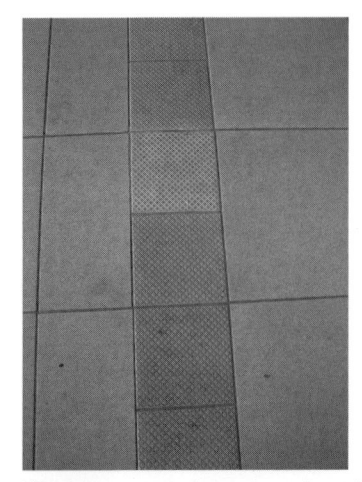

■写真2－116（イスタンブール）：ある地下鉄駅に設置されている独自のブロック。

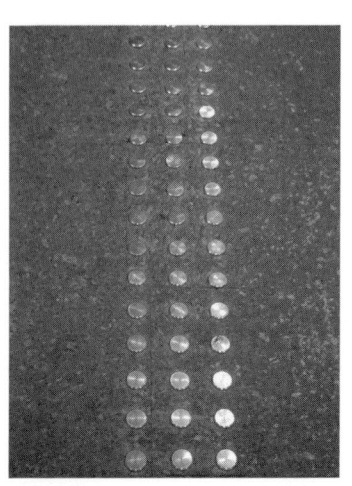

■写真2－117（イスタンブール）：写真2－116の設置されている駅とは異なる地下鉄駅に設置されている独自のブロック。

写真2-118（イスタンブール）：立ち止まる箇所が示されていないため、自動改札機の存在を認識でき着ず、フラップドアにぶつかってしまう。

写真2-119（イスタンブール）：写真2-116、写真2-117の設置されている駅とは異なる地下鉄駅に設置されている独自のブロック。

写真2-120（イスタンブール）：写真2-119のブロックが設置されている地下鉄駅のプラットホーム。

写真2-121（イスタンブール）：路面電車のプラットホームに設置されている警告ブロック。幅が狭いため、線路に転落する危険がある。

写真2-122（イスタンブール）：横断歩道前に設置されているブロック。

17　ギリシャ　　　　　　　　　　　　　　　　　　　　　　　　　　Greece

　アテネ市内では、歩道、路面電車のプラットホーム、空港に、それぞれ異なる設置方法で、なおかつ異なる形状のブロックが用いられている。歩道上のブロックは市内の中心部だけでなく郊外まで広範囲に渡っている。ただし、日本と同じ形の警告ブロックと誘導ブロックを日本と同じ方法で設置している箇所（写真2－123）、進む方向を示すブロックも立ち止まることを示すブロックもともに線状突起を用いていて、立ち止まる位置に進行方向と垂直になるように線状突起を設置している箇所（写真2－124）、日本と同じ形の誘導ブロックと警告ブロックを独自の方法で設置している箇所（写真2－125）、横断歩道前に日本と同じ形の警告ブロックと独自のブロックを独自の方法で設置している箇所（写真2－126）が混在しており、統一がとれていない。

　特に写真2－125のような箇所では、横断歩道前から警告ブロックを歩道幅の全面（4～6枚）に3、4列、続いて誘導ブロックを進行方向と垂直になるように4、5列、さらに警告ブロックを3、4列、それに続く形で誘導ブロック1枚を2、3列設置している。これでは視覚障害者は横断歩道をどの方向に進めばよいのかがわからず、危険である。その上、歩道の全面にブロックがあるため、車いす使用者などの他の歩行者の移動のバリアになる。写真2－126も写真2－125と同様にブロックが横断歩道の全面に設置されるため、他の歩行者のバリアになる。市内に設置されているブロックの色は黄色、灰色、白である。

　路面電車のプラットホームでは、日本と同じ形の警告ブロックと誘導ブロックが用いられている（写真2－127）。ただし、警告ブロックの幅は約20 cmであり、視覚障害者が踏み越えてしまい、線路に転落する危険がある。ブロックの色は黄色である。

　空港では、最寄りの鉄道駅から空港内の障害者用案内デスクまで連続してブロックが設置されている。日本と同じ形の警告ブロックと誘導ブロックに加えて、独自のブロック（写真2－128、写真2－129）が用いられている。写真2－128のブロックは直角に曲がる箇所に、写真2－129は自動ドアやエレベータ、音声案内機前等の立ち止まる箇所に設置されている。なお、直角に曲がる箇所や立ち止まる箇所に日本と同じ形の警告ブロックが用いられているところもあり、統一がとれていない。ブロックの色は黄色、灰色、白である。

■写真2－123（アテネ）：日本と同じ形のブロックを日本と同じ方法で設置している箇所。

■ 写真2－124（アテネ）：立ち止まる位置に独自のブロックを設置している箇所。

■ 写真2－125（アテネ）：日本と同じ形のブロックを独自の方法で設置している箇所。歩道の全面にブロックがあるため、車いす使用者などの他の歩行者のバリアになる。

■ 写真2－126（アテネ）：日本と同じ形のブロックと独自のブロックを横断歩道前に独自の方法で設置している箇所。

■ 写真2－127（アテネ）：路面電車のプラットホームに設置されているブロック。

■ 写真2－128（アテネ）：直角に曲がる箇所に設置されているブロック。

■ 写真2－129（アテネ）：自動ドアやエレベータ、音声案内機の前等の立ち止まる箇所に設置されているブロック。

第2章 海外における点字ブロックの設置状況

ヨーロッパ

18 ポーランド ──────── Poland

　ワルシャワ市内には、歩道、鉄道駅構内及びプラットホーム、路面電車のプラットホーム、バス停に日本と同じ形の警告ブロック及び誘導ブロックが日本とほぼ同じ方法で設置されている。

　歩道については、市内の広い範囲にわたって、横断歩道前に警告ブロックが設置されている（写真2－130）。また、市内中心部のある一部の区域の歩道に、誘導ブロックが設置されている（写真2－131）。歩道上のブロックの色は黄色、白、赤である。

　一部の鉄道駅には、駅舎入り口からプラットホームまで、ブロックが連続して設置されている。なお、プラットホームには警告ブロックと誘導ブロックの両方がある（写真2－132）。駅に設置されているブロックはステンレス製である。

　路面電車のプラットホーム及びバス停には黄色あるいは赤の警告ブロックが設置されている。ただし、ブロック上に街路灯の柱が建てられているなど、障害物がある箇所がしばしば見られる（写真2－133）。

写真2－130（ワルシャワ）：横断歩道前に設置されている警告ブロック。

写真2－131（ワルシャワ）：一部の区域の歩道に設置されている誘導ブロックと警告ブロック。

写真2－132（ワルシャワ）：国鉄駅のプラットホームに設置されているブロック。

写真2－133（ワルシャワ）：バス停に設置されているブロック。ただし、ブロック上に街路灯が建てられている。

3節 南北アメリカ

①アメリカ　③メキシコ
②カナダ　　④ブラジル

1 アメリカ ——————————————————— America

　カリフォルニア州には、視覚障害者が安全に道路横断をするための特有のランドマークがある（写真2-134）。横断歩道前に点字ブロックを設置しているのではなく、路面に浅い溝を掘り込む方式である。点字ブロックに比べると足や杖で認識するのが難しい。サンフランシスコ、ロサンゼルス、サンディエゴでの設置方法は統一されている。

　数は多くないが、横断歩道前、鉄道駅や地下鉄駅、トラム駅のプラットホームに日本と同じ警告ブロックがあり、また鉄道駅のプラットホームに方向を示す誘導ブロックが設置されている。ブロックの色は黄、黒、白である。横断歩道前のブロック（写真2-135）については、一定のルールがあるわけではなく、言わば「きまぐれ」的に設置されているように見える。

　鉄道駅のプラットホームでは、電車のドアの入口付近に誘導ブロックがある（写真2-136）。ただし、1~2枚（30〜60cm）のみランドマークとして設置されており、プラットホームから階段や駅の改札に誘導されているわけではない。

■写真2-134（カリフォルニア州）：横断歩道前の路面に浅い溝を掘り込んでランドマークにしている。

■写真2-135（サンフランシスコ）：横断歩道前の点字ブロック。

■写真2-136（サンフランシスコ）：鉄道駅のプラットホームの点字ブロック。

2 カナダ — Canada

　トロント市内の国鉄及び地下鉄の駅のプラットホームには、日本と同じ形状の警告ブロックが設置されている。しかし、国鉄及び地下鉄の駅構内の階段前やスロープ前には線状の突起がついているブロックを設置している（写真2－137、2－138）。プラットホームの端のブロックは黄色であった（写真2－139）が、駅構内のブロックは灰色であった。

■写真2－137（トロント）：階段前やスロープの前に設置されているブロック。

■写真2－138（トロント）：階段前に設置されている様子。

■写真2－139（トロント）：地下鉄駅のプラットホーム。点状のブロックが設置されている。

3 メキシコ — Mexico

　ティファナには、アメリカのカリフォルニア州と同様、横断歩道前にランドマークが設置されている。しかし、いわゆる点字ブロックは設置されていない。

4 ブラジル ─────────── Brazil

　サンパウロ市内では、国鉄駅、地下鉄駅、バス停、市街地にブロックが設置されている。特に地下鉄や繁華街、ビジネス街には広範囲にわたって設置されている。地下鉄駅、市街地のブロックの設置方法は日本とほぼ同じであるが、国鉄駅のみ独自のブロックと設置方法を採用している。

　地下鉄駅では、駅構内及びプラットホームにブロックを設置している。駅構内入り口からプラットホームまでブロックによって誘導されている（写真2－140、写真2－141）。色は青である。また、プラットホームに転落防止のための黄色の警告ブロックもある（写真2－142）。

　一部のバス停前には、警告ブロック1列を8枚程度、それに続くように誘導ブロックが2列に4枚程度設置されている（写真2－143）。色は黄色である。

　ビジネス街の歩道には広い範囲にわたってブロックが設置されている（写真2－144）。その他の箇所は、誘導ブロックはなく、横断歩道前に警告ブロックが設置されているのみである場合が多い。横断歩道前の警告ブロックは黄色である。誘導ブロックは床面が白の場合には濃い灰色を、床面が灰色の場合には白を用いて、輝度を上昇させている（写真2－145）。また公衆電話の周りを囲むように警告ブロックが設置されている（写真2－146）。ただし、一部の公衆電話では、周りだけでなくその一面にブロックが敷き詰められていることがある（写真2－147）。公衆電話を示す警告ブロックは灰色か黄色である。

　国鉄駅の駅構内及びプラットホームには、床面を掘り込む形の誘導ブロックがある（写真2－148）。ただし、階段前やエレベータ前、壁の前に警告ブロックはない。この誘導ブロックは足の裏では認識しにくいと思われる。

■写真2－140（サンパウロ）：地下鉄駅構内に設置されている点字ブロック。

■写真2－141（サンパウロ）：地下鉄駅の改札前に設置されている点字ブロック。

■ 写真2－142（サンパウロ）：地下鉄駅のプラットホームに設置されている点字ブロック。

■ 写真2－143（サンパウロ）：バス停に設置されているブロック。

■ 写真2－144（サンパウロ）：ビジネス街の歩道に設置されている誘導ブロック。

■ 写真2－145（サンパウロ）：白い床面には濃い灰色のブロック、灰色の床面には白のブロックが用いられている。

■ 写真2－146（サンパウロ）：公衆電話を囲むように設置されている警告ブロック。

■ 写真2－147（サンパウロ）：公衆電話の一面に設置されている警告ブロック。

■写真2−148（サンパウロ）：国鉄駅のプラットホームに設置されているブロック。

4節 オセアニア

①オーストラリア　②ニュージーランド

1 オーストラリア ── Australia

　シドニーでは、鉄道駅、モノレール駅、ライトレール駅のプラットホーム、屋外の階段の前、屋外の障害物の前、空港内、バス停にブロックが設置されている（写真2−149）。日本と同じ形の警告ブロックと誘導ブロックが用いられ、設置方法も同じである。オペラハウス等の有名な観光施設にも設置されている。ただし、他の多くの国と異なり、横断歩道前には設置されていない。鉄道駅、モノレール駅、ライトレール駅の一部では、改札あるいはその付近からホームまで誘導ブロックが設置されている。ブロックの色は黄色、シルバー、青、緑、灰色である。鉄道駅では青のブロックを使っていることが多く、モノレール駅、ライトレール駅は黄色が多い。

■写真2-149（シドニー）：トラムの停留所に設置されているブロック。

2 ニュージーランド ──────────────── New Zealand

　オークランドでは、市内中心部の横断歩道前、鉄道駅の構内及びプラットホーム、ショッピングセンター等の大きな施設の屋内の階段前等に日本と同じ形の警告ブロックが設置されている（写真2-150）。また、障害者に関連した施設のある地区では誘導ブロックと警告ブロックが設置されている。これらのブロックの設置方法は日本と同様である。ブロックの色は黄色が多く、その他にシルバー、白が用いられている。

■写真2-150（オークランド）：横断歩道前の点字ブロック。

第3章 点字ブロックの誤りと適切な設置方法

(滋賀県・米原市)

I 節
マンホール

Point マンホール上にもブロックを設置する

　誘導ブロックは連続して設置されなくてはならない。そうしなければ視覚障害者は次のブロックの位置を白杖によって探索しなければならず、歩行の効率性が大きく低下する。誘導ブロックを分断する原因の1つがマンホールである。基本的にはマンホールの上にも点字ブロックを設置しなければならない。

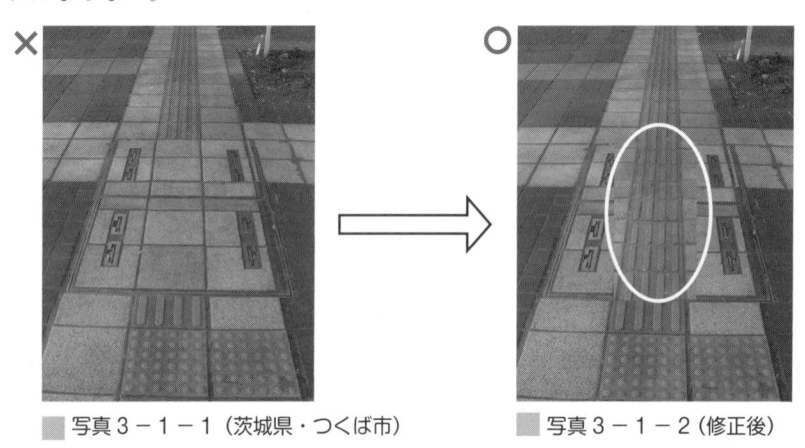

■ 写真3－1－1（茨城県・つくば市）　　■ 写真3－1－2（修正後）

⚠ 解説 写真3－1－1のように、マンホールがあるために誘導ブロックが途切れてしまうことによって視覚障害者は進む方向を見失ってしまう。写真3－1－2のようにマンホールの蓋の上に点字ブロックを設置しなくてはならない。

■ 写真3－1－3（鹿児島市）　　■ 写真3－1－4（タイ・バンコク）　　■ 写真3－1－5（福岡市）

⚠ 解説 写真3－1－3は丸型のマンホールのふたがあるために誘導ブロックが途切れているケースである。写真3－1－5と同じようにふたの上にも誘導ブロックを設置しなければならない。

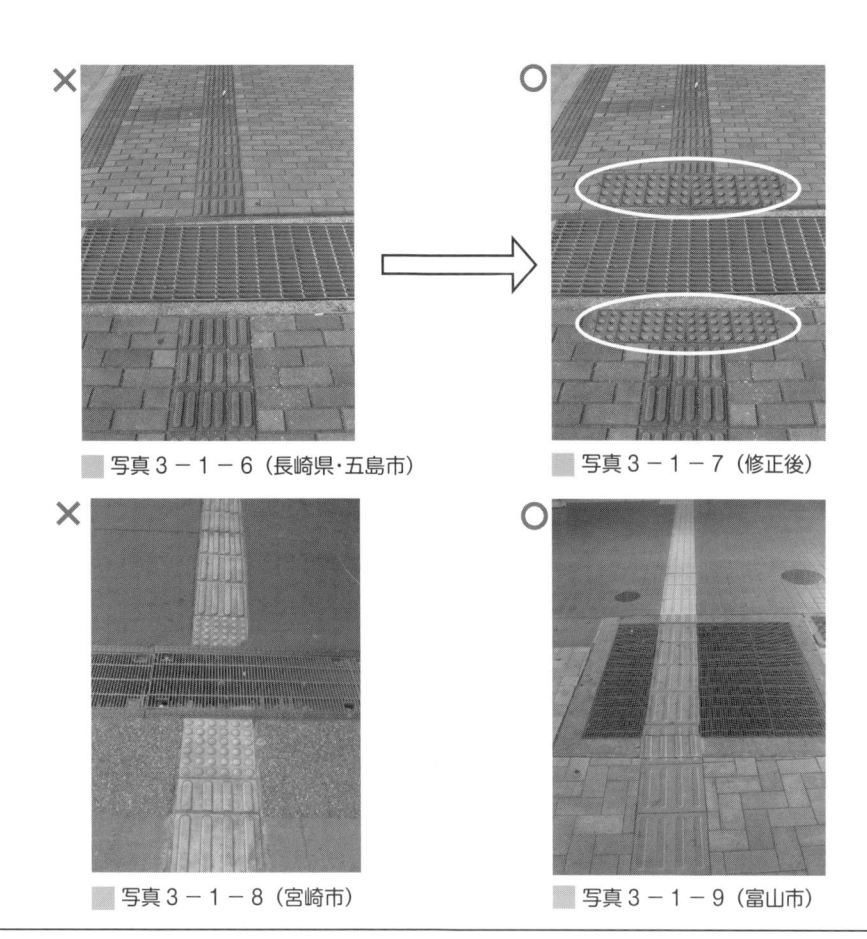

■写真3-1-6(長崎県・五島市)　　■写真3-1-7(修正後)

■写真3-1-8(宮崎市)　　■写真3-1-9(富山市)

⚠ **解説** 写真3-1-6のようなグレーチングを横切る場合には、写真3-1-7のようにグレーチングの前後に警告ブロックを設置して注意を促す必要がある。しかし写真3-1-8ではグレーチングの前後に警告ブロックが1枚ずつしか設置されておらず、視覚障害者には認知されにくい。写真3-1-7のようにグレーチングの前後には複数枚の警告ブロックを設置することが望ましい。また、グレーチングの幅が狭い場合には写真3-1-9のようにグレーチングの上に直接誘導ブロックを設置することが有効である。

⚠ **解説** この写真のように、マンホールを避けて誘導ブロックを設置すると、誘導路が曲線状になり視覚障害者の歩行速度が低下する。また、景観の点からも好ましくない。

■写真3-1-10(北海道・札幌市)

■ 写真3−1−11（北海道・札幌市）

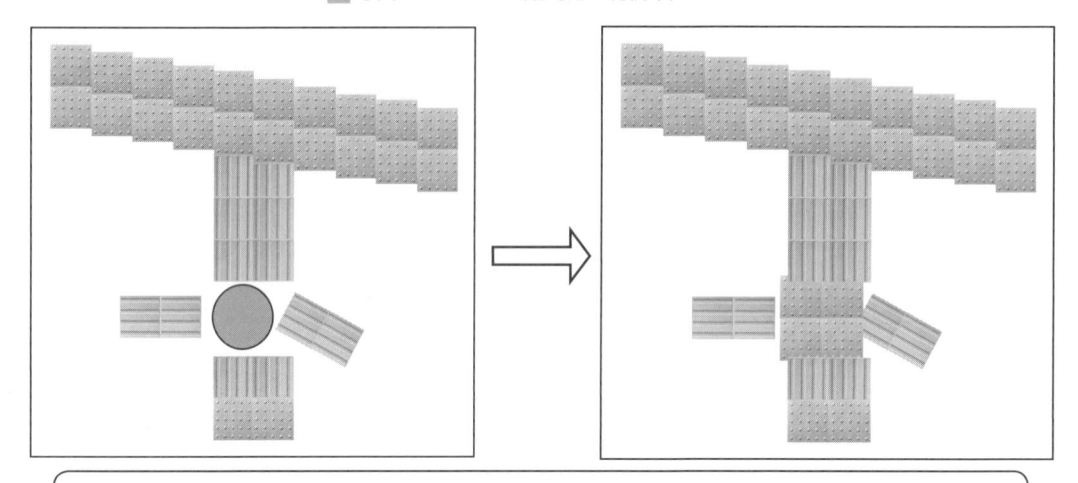

⚠ **解説** 写真3−1−11のように誘導ブロックが十字に交差する部分にマンホールがあり、その上に警告ブロックが設置されていないと、視覚障害者はそこが分岐点であることに気がつかない。右の図のように警告ブロックを設置するべきである。

■ 写真3−1−12（大阪市）

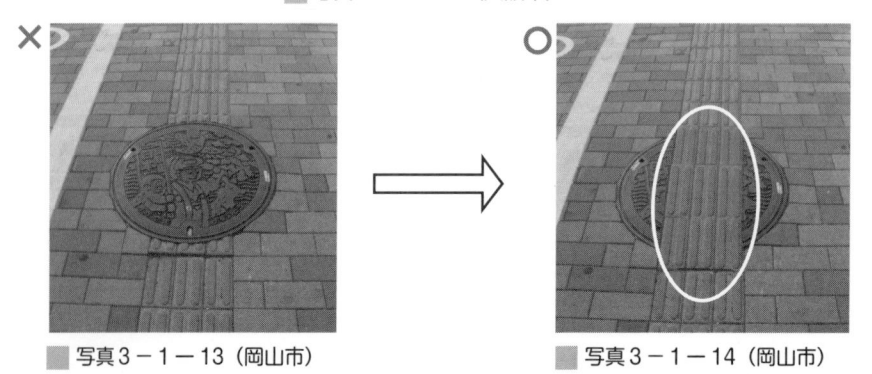

■ 写真3−1−13（岡山市）　　　■ 写真3−1−14（岡山市）

> ⚠ **解説**　最近では写真3−1−12（大阪城）のようにその地域の名所などをデザインしたマンホールのふたが見られる。写真3−1−13は岡山市にあるマンホールであり、桃太郎とサル、キジ、犬が描かれている。このふたの上に誘導ブロックを設置すると写真3−1−14のようになり、せっかくのデザインが台無しになる。この点が非常に悩ましい。

2節
点字ブロックの中断

> **Point**　誘導ブロックの中断箇所には警告ブロックを設置する

　点字ブロックの端は誘導ブロックのままにしておくのではなく、「ここで誘導ブロックの設置は終わっている」ことを示すために警告ブロックを設置しておかなくてはならない。そうしないと視覚障害者は、その先にも誘導ブロックが続いて設置されていると考え、時間をかけて探索することになる。

　また、誘導ブロックと次の誘導ブロックの間に距離があると、視覚障害者はブロックを探索しなくてはならない。探索の必要がないように、連続して設置すべきである。

■ 写真3−2−1（茨城県・つくば市）　　■ 写真3−2−2（修正後）

> ⚠ **解説**　写真3−2−1では誘導ブロックの端に警告ブロックが設置されていない。写真3−2−2のように、誘導ブロックの端には警告ブロックを設置して、そこで誘導ブロックが終了していることを示しておかなくてはならない。

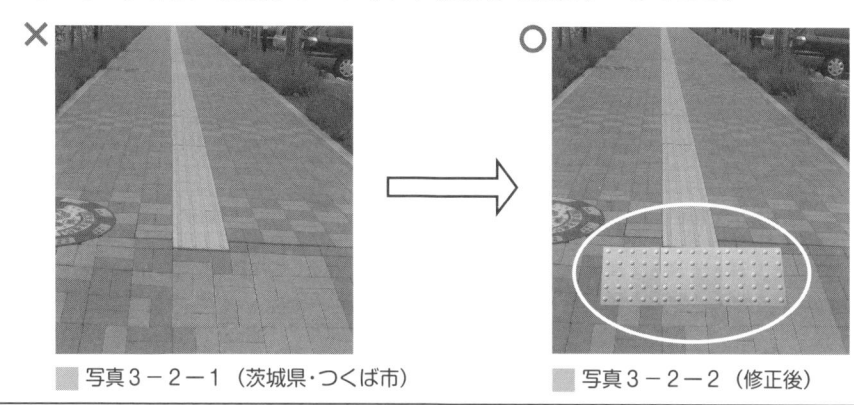

■ 写真3−2−3（広島県・福山市）

> ⚠ **解説**　写真3−2−3のようなケースを頻繁に目にする。道路の管轄が異なることから、誘導ブロックがこのように途中で中断してしまう。

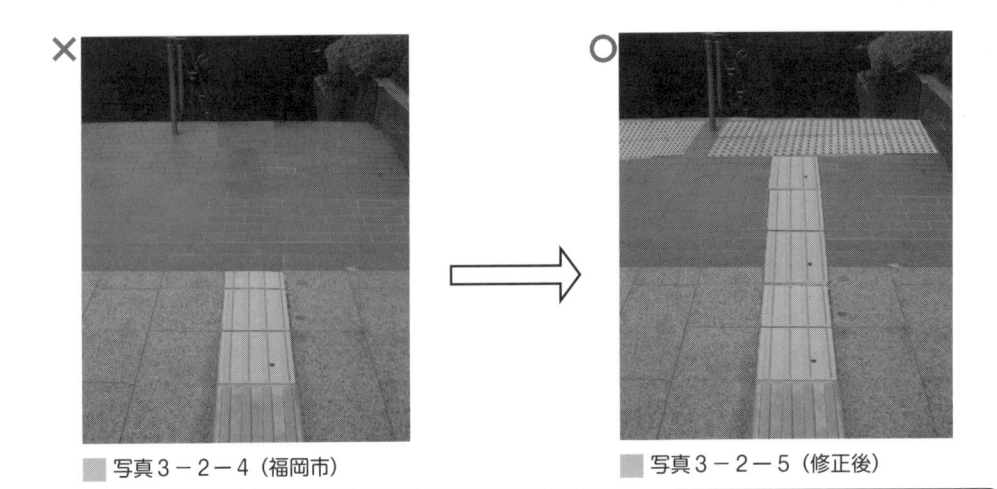

■写真3−2−4（福岡市）　　　　　　　　　　　■写真3−2−5（修正後）

> ⚠ 解説　写真3−2−4は階段に誘導しているブロックが中断しているケースである。階段前には警告ブロックを設置することが必要であるが、それがないためにさらに危険度が増している。誘導ブロックが中断されている場合、その先のどこにブロックがあるのかを視覚障害者は探索することになるが、その際に誤って階段から転落する事故を誘発することになる。写真3−2−5のように設置しなくてはならない。

■写真3−2−6（北海道・網走市）

> ⚠ 解説　写真3−2−6も写真3−2−3と同じように区域の管轄が異なっていることからおこっている現象である。視覚障害者は点字ブロックを用いて駅や建物などの目的地に移動している。その目的地の手前でブロックが中断していると、目の前まで来ているのに迷うばかりで目的地に到達できない。

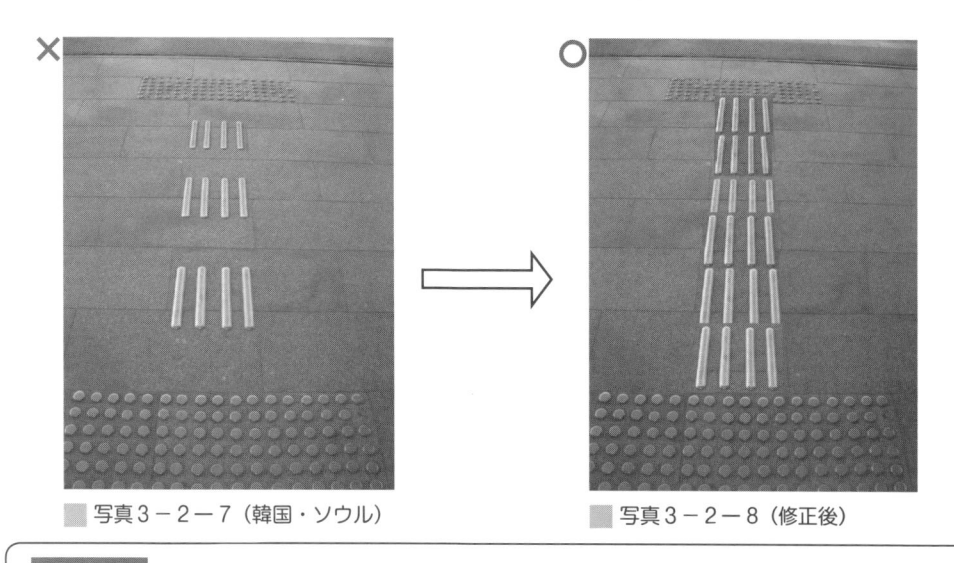

■ 写真3-2-7（韓国・ソウル）　　■ 写真3-2-8（修正後）

> ⚠ 解説　誘導ブロックは写真3-2-8のように連続して設置しなくてはならない。

3節
設置場所の管轄が異なることによるブロックの大きさ、形状、色の変化

Point　統一性のあるブロックを連続して設置する

　施設や道路の管轄をしている機関が異なることによって、設置されている点字ブロックの大きさ、形状、色が異なることが多い。使用される点字ブロックが統一されていないことが原因である。地面の状態や使用しているタイルによって、それに合わせた点字ブロックを使用することになるが、視覚障害者の利便性と景観の保持を考えて、できるだけ統一性のあるブロックを連続して設置すべきである。

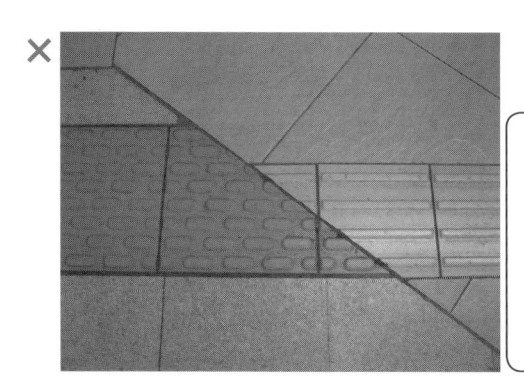

> ⚠ 解説　写真3-3-1は左右で管轄している機関が異なっており、このような状況になっている。この2種類のブロックはどちらも誘導ブロックであるが、右方向から左方向に歩く場合では左側の小判型の形状のものは点状の警告ブロックと誤認されやすい。

■ 写真3-3-1（東京都・新橋）

✕

■ 写真3-3-2（東京都・渋谷）

⚠ 解説　写真3-3-2のように形状や材質が異なると、視覚障害者が歩きにくいだけではなく、景観の点からも好ましくない。

✕

■ 写真3-3-3（和歌山市）

⚠ 解説　写真3-3-3の2種類のブロックはどちらも誘導ブロックである。左のブロックは警告ブロックに誤認される可能性が高い。

✕

■ 写真3-3-4（台湾・板橋）

⚠ 解説　海外にも「誘導ブロックが連続していない」誤りが多数ある。

4節
誘導ブロック屈曲部における警告ブロック

> **Point** 屈曲部が135度以下の場合は、警告ブロックを設置する

　誘導ブロックはできるだけ曲がることがないように直線状に設置されなくてはならない。しかし、やむを得ず屈曲させなくてはならない場所が出てくる。屈曲部には警告ブロックを設置しなくてはならないが、小さな屈曲角度の箇所に、つまり少しの曲がりの箇所に警告ブロックを設置すると、全体的に警告ブロックの数が多くなる。視覚障害者は警告ブロックがあると、段差等の危険箇所、分岐点の存在、案内板の存在等を意識してその場に立ち止まり、ブロックが何を警告しているのかについて判断しなくてはならない。そのため、多くの屈曲部に警告ブロックを設置すると、結果的に歩行の効率性が低下することになる。

　視覚障害者がどの程度の角度を「曲がり」としてとらえて立ち止まり、また「直線」ととらえて歩行速度をあまり落とさずに進むかについて検証した結果、多少の個人差はあるが、原則として、屈曲部の角度（内角）が135度以上であれば警告ブロックを設置する必要がないという結論を得た。

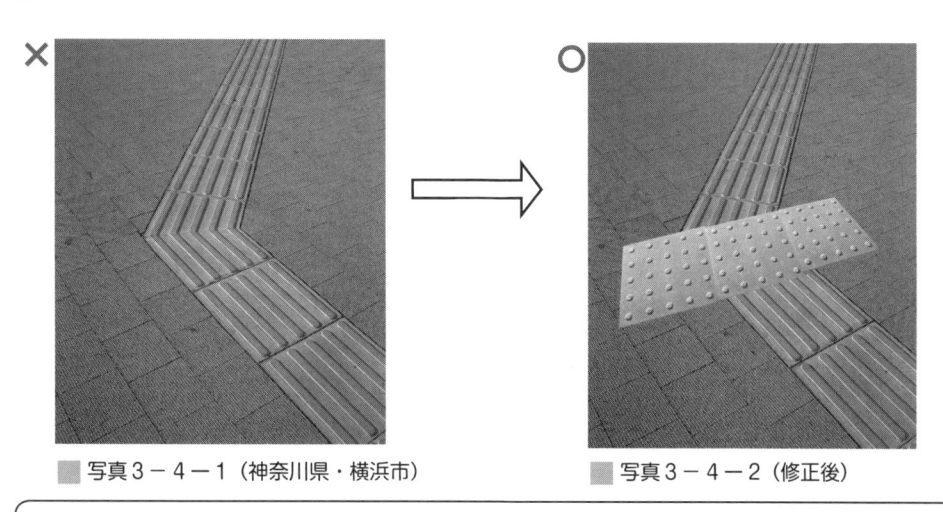

■ 写真3－4－1（神奈川県・横浜市）　　■ 写真3－4－2（修正後）

> ⚠ **解説**　写真3－4－1の屈曲部の角度は130度であった。したがって、写真3－4－2のように警告ブロックを設置すべきである。

写真3-4-3（長崎県・対馬市）

⚠ 解説　写真3-4-3のように、角度の小さい屈曲部に警告ブロックを設置すると、視覚障害者は何度も立ち止まらなくてはならない。

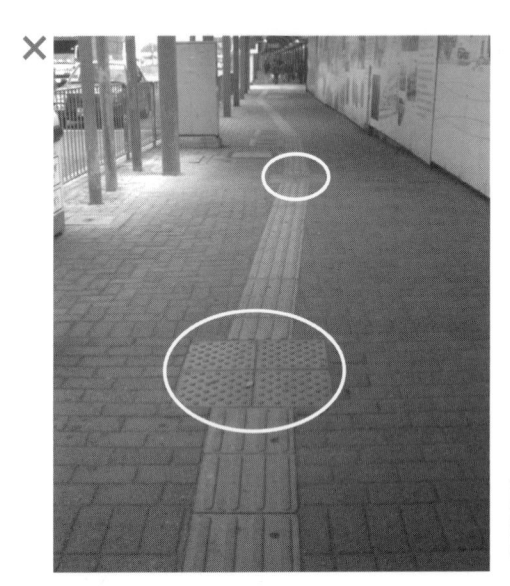

写真3-4-4（香港）

⚠ 解説　海外でも同じように警告ブロックを必要以上に設置しているケースが目立つ。

写真3-4-5（ベトナム・ホーチミン）

写真3-4-6（オーストリア・ウィーン）

> ⚠ **解説** ベトナム（写真3-4-5）やオーストリア（写真3-4-6）のように屈曲部に警告ブロックを設置せず、独自の方法で設置している国がある。これでは屈曲部で常に探索しなくてはならず、またブロックを見失うことになりかねない。

■ 写真3-4-7（愛媛県・松山市）

■ 写真3-4-8（北海道・札幌市）

> ⚠ **解説** 基本的に視覚障害者はできるだけ直進したいというニーズがある。不要な警告ブロックや屈曲部で探索のために立ち止まることによって歩行の効率は大きく低下する。誘導ブロックが多少カーブしていても視覚障害者は「直進」ととらえて、歩行することができる。その意味から考えると、写真3-4-7のような設置の方法は適切である。
> しかし、写真3-4-8で示されているような大きなカーブを描く誘導ブロックは直進して歩くことができないため、常に探索歩行をしなくてはならなくなる。

5節 誘導ブロック上の不必要な警告ブロック

Point 不必要な警告ブロックは混乱を招く

　警告ブロックは視覚障害者に注意を促す箇所に設置されるものである。言わば「赤信号」であり、視覚障害者はその場所で立ち止まって、「何のために設置されているのか」「その警告は自分にとって重要な情報であるのか」を判断しなくてはならない。前項でもふれたように、あまり多くの警告ブロックが設置されると「歩行の効率性」は低下するが、逆に、必要な警告ブロックを設置しないと「歩行の安全性」が低下することになる。

■写真3－5－1（香川県・高松市）

> ⚠ 解説　写真3－5－1の警告ブロックはある建物の敷地と道路の境を示しているものである。その境は視覚障害者にとって必要な情報ではないので、警告ブロックを撤去すべきである。

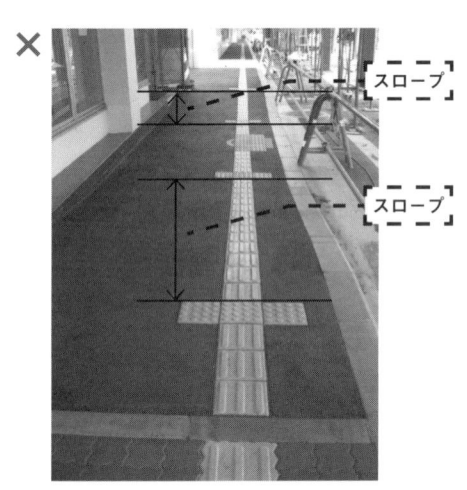

■写真3－5－2（富山市）

> ⚠ 解説　日本では写真3－5－2のように、スロープの始まりと終わりに、警告ブロックを設置している箇所が多い。しかし、緩やかな傾斜は危険ではないので警告ブロックは不要である。このケースでは傾斜部分が2箇所あるために4つの警告ブロックが設置されているが、すべて撤去すべきである。

■写真3－5－3（茨城県・つくば市）

> ⚠ 解説　写真3－5－3は茨城県内の私鉄駅のコンコースの写真である。誘導ブロックが連続して設置されておらず、途中で警告ブロックによって分断されている。分断の理由は、夜間、電車の運行が終了してからこの部分にシャッターが下りるからである。視覚障害者がシャッターにぶつからないように警告ブロックを設置しているのであろうが、夜中に視覚障害者がコンコースに迷い込むことは考えられない。この設置方法によって、多くの視覚障害者はこの箇所で無駄な停止をしなくてはならなくなる。

6節 面積の小さなブロック

Point　小さすぎると認知できない

　視覚障害者は足裏の感覚によって、そこにあるブロックが誘導ブロックか、あるいは警告ブロックかを識別する。足裏によるので細かい識別は無理である。したがって面積の小さなブロックを識別することはむずかしい。特に、立ち止まらなくてはならない箇所（横断歩道前、階段前、壁等）に面積の小さな警告ブロックがあっても、視覚障害者は認識できず、壁に衝突したり、車道に飛び出してしまう危険がある。

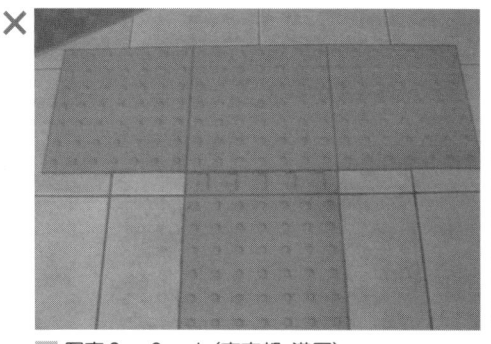

⚠ **解説**　写真3－6－1のように、警告ブロックに挟まれた長さが5cm程度の誘導ブロックでは、視覚障害者はそれに気づかない。したがって無駄な設置と言わざるを得ない。

■ 写真3－6－1（東京都・港区）

■ 写真3－6－2（東京都・早稲田）

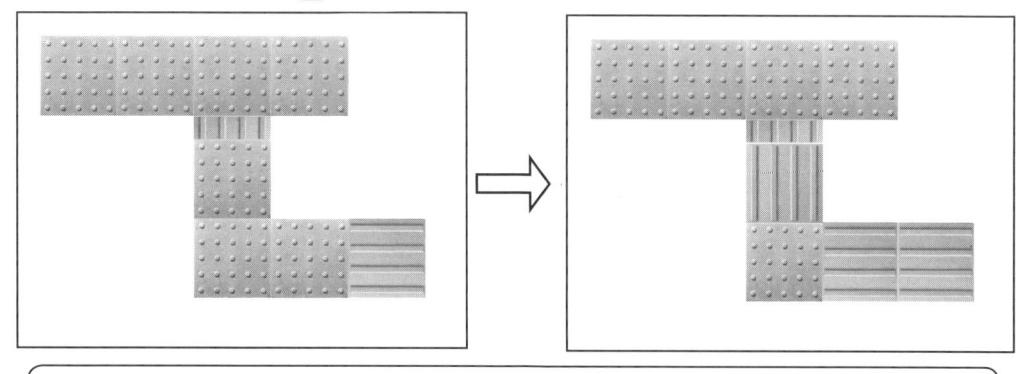

⚠ **解説**　幅の狭い通路でL字型にブロックを設置せざるを得ない場合には、改善案のように交差部分に警告ブロックを1枚設置し、その上と右には誘導ブロックを設置するべきであろう。

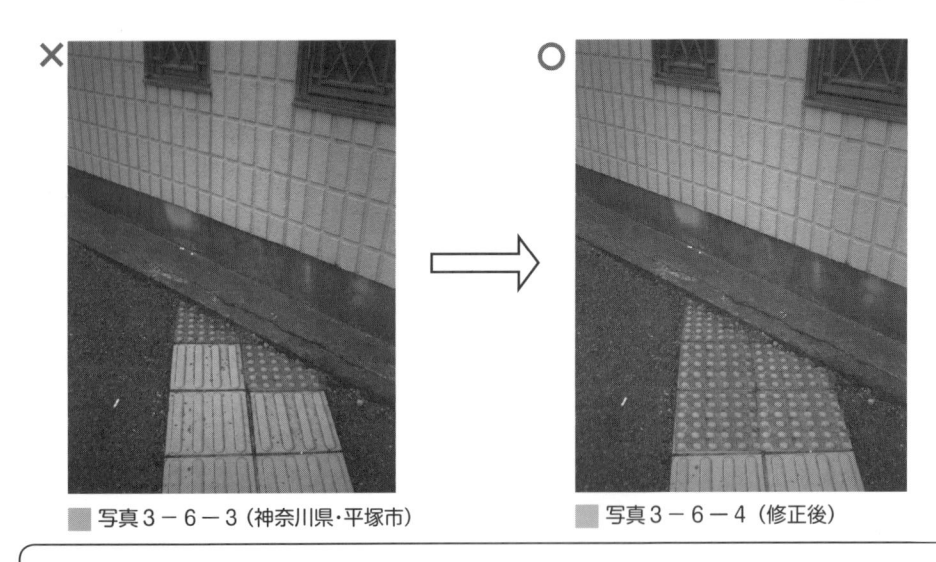

■写真3−6−3（神奈川県・平塚市）　　■写真3−6−4（修正後）

⚠️ 解説　壁の前に設置されている警告ブロックの面積が小さいために、警告ブロックがあることに気づいた時には壁に衝突しているという可能性がある。

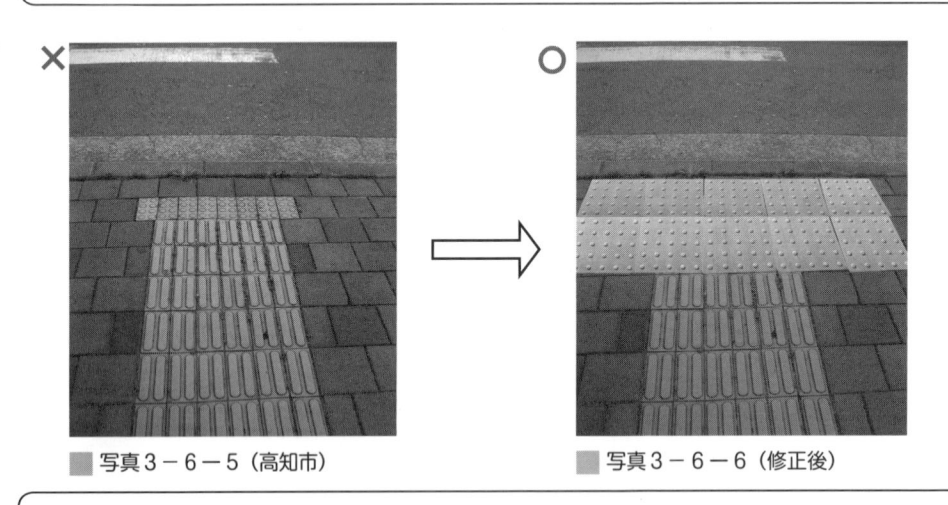

■写真3−6−5（高知市）　　■写真3−6−6（修正後）

⚠️ 解説　写真3−6−5では警告ブロックの面積が狭いため、視覚障害者はその存在に気がつかず、車道に飛び出してしまう危険がある。

7節

ブロックの設置位置

Point　適切な位置に設置する

　警告ブロックは、視覚障害者にその場で立ち止まらせ、その先に階段や横断歩道、障害物等がある、あるいは分岐点であることを知らせる役割を持つ。しかし、警告ブロックの設置位置に誤

りがあると、視覚障害者はなぜその場にブロックが設置されているのかを認識できず、とまどうことになる。特に、階段や横断歩道前の警告ブロックの設置位置に誤りがあると、飛び出しや転落につながり、危険である。

また、誘導ブロックは不必要な屈曲を避け、視覚障害者が直線的に歩けるように設置ルートを計画すべきである。そもそも誘導ブロックの設置位置が適切でない場合に、ブロックが不必要に屈曲することになる。屈曲部では警告ブロックを設置するが、視覚障害者はその部分で立ち止まり、次の進行方向を探索する。その探索にはかなりの時間を要する。

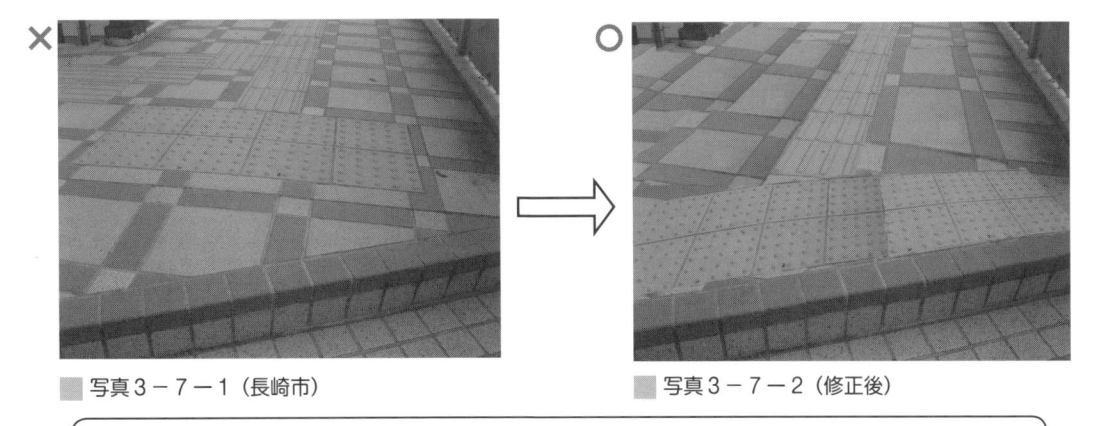

■ 写真3-7-1（長崎市）　　■ 写真3-7-2（修正後）

⚠ 解説　写真3-7-1では階段の端にそって警告ブロックが設置されていない。しかも警告ブロックが階段のラインに平行になっていない。

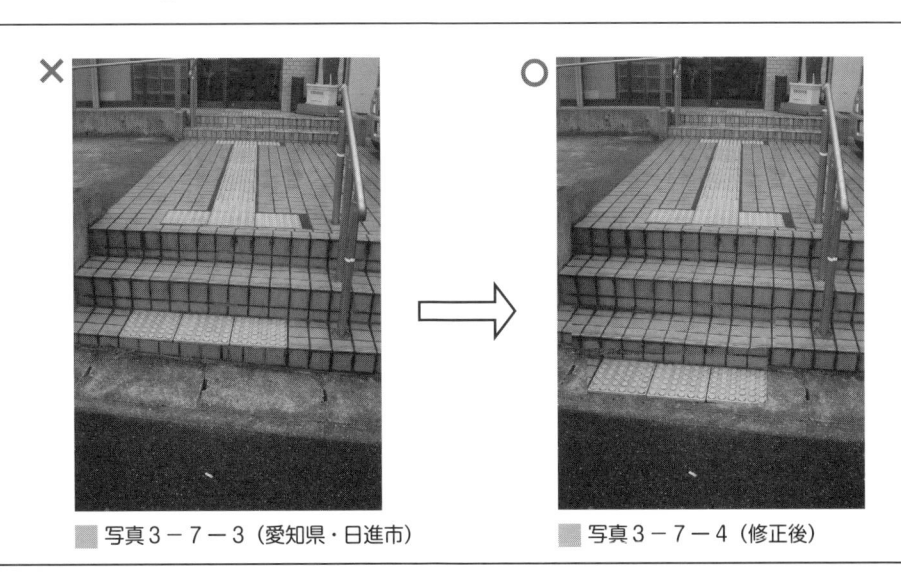

■ 写真3-7-3（愛知県・日進市）　　■ 写真3-7-4（修正後）

⚠ 解説　通常は階段を上りきった箇所と階段の一番下の床面に警告ブロックを設置しなくてはならない。写真3-7-3では床面に警告ブロックが設置されておらず、床面よりも一段上にある。階段を下りてきた視覚障害者はこの警告ブロックを探知して「床面に着いた」と判断するであろう。しかし、実際にはあと一段分の階段があるわけであり、転倒したり、足をふみはずす可能性がある。改善案のように、警告ブロックを設置し直さなくてはならない。

■ 写真3-7-5（オーストラリア・シドニー）

⚠ 解説　写真3-7-5のように警告ブロックが車道に設置されていると、視覚障害者は車道において探索行動をすることになる。非常に危険な設置の例である。

■ 写真3-7-6（大阪府・狭山市）

⚠ 解説　何らかの理由で横断歩道が他の位置に移動したにもかかわらず、点字ブロックは残されたままである。視覚障害者が点字ブロックの先に横断歩道があると誤認して道路を横断してしまう危険がある。

写真3-7-7（フランス・パリ）　　　写真3-7-8（韓国・ソウル）

> **⚠ 解説**　海外にも日本と同様の誤りがみられる。横断歩道の位置を変更したにもかかわらず、元の場所に点字ブロックがあり、新しい横断歩道前にはブロックが設置されていない。そのため、横断歩道ではない箇所から車道に飛び出してしまう危険がある。

写真3-7-9（台湾・高雄）

> **⚠ 解説**　誘導ブロックは歩道の端に設置すべきではない。なぜなら、視覚障害者の中には点字ブロックの上を歩くだけではなく、白杖で誘導ブロックの凹凸を確認しながらブロックの脇を歩く人がいるからである。そのためには誘導ブロックの左右に少なくとも30cm程度の空間がなくてはならない。写真3-7-9では誘導ブロックのすぐ脇にガードレールがあり、それが歩行のバリアになっている可能性がある。

写真3-7-10（和歌山市）　　　写真3-7-11（修正後）

> **⚠ 解説**　写真3-7-10は横断歩道前で不必要な屈曲箇所を誘導ブロックの途中に設けている例である。写真3-7-11のようにそのまま誘導ブロックを延長するべきである。

■写真3-7-12(和歌山市)

> ⚠ 解説　写真3-7-12では横断歩道の中心部に誘導ブロックを接続させるために、横断歩道の手前で警告ブロックを設置して、誘導ブロックをブロック1列分（30cm）左に寄せている。横断歩道への誘導ブロックの接続についてはあまり端に寄っていなければ良しとし、その手前で警告ブロックを用いたルートの修正を行うべきではない。

■写真3-7-13(福岡市)

> ⚠ 解説　写真3-7-13では、誘導ブロックがなぜこのように曲げられているのかが不明である。当然、直線状に改善すべきである。

■写真3-7-14(香港)

> ⚠ 解説　写真3-7-14には、バスの乗り場付近まで点字ブロックを設置していたところに、柵を後から設けたために起こった問題がある。これではバスの乗り口までブロックをたどっていくことができない。

8節 横断歩道

> **Point** 横断歩道前には必ず警告ブロックを設置する

視覚障害者がもっともストレスを感じる移動場面は道路横断である。通常は横断歩道の前には警告ブロックを2列設置し、そこで視覚障害者が停止できるようにしておかなくてはならない。

■ 写真3-8-1（福岡市）　　■ 写真3-8-2（修正後）

> ⚠ **解説** 写真3-8-1のように、横断歩道前にマンホールがある場合には、写真3-8-2のようにマンホールの蓋の上にも警告ブロックを設置しなくてはならない。

■ 写真3-8-3（韓国・ソウル）

> ⚠ **解説** 写真3-8-3のように危険な設置の例は世界中に見られる。

■ 写真3-8-4（中国・深圳）

> ⚠ **解説** 写真3-8-4のように車道に飛び出してしまう危険性のある設置は、誘導ブロックが設置されている国でよく見られる。

第3章　点字ブロックの誤りと適切な設置方法

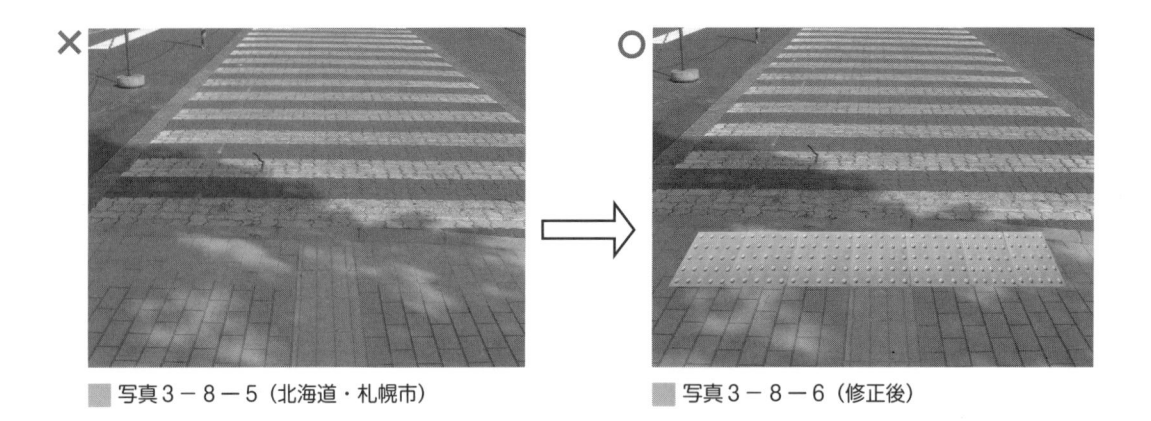

■ 写真3-8-5（北海道・札幌市）　　　　　　■ 写真3-8-6（修正後）

> ⚠ **解説**　写真3-8-5のような設置の方法では視覚障害者は横断歩道の手前で停止できず、車道内で誘導ブロックの続きを探すことになり、非常に危険である。写真3-8-6のように警告ブロックを設置しなくてはならない。

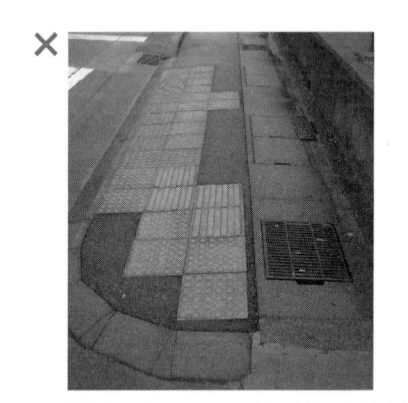

■ 写真3-8-7（石川県・金沢市）

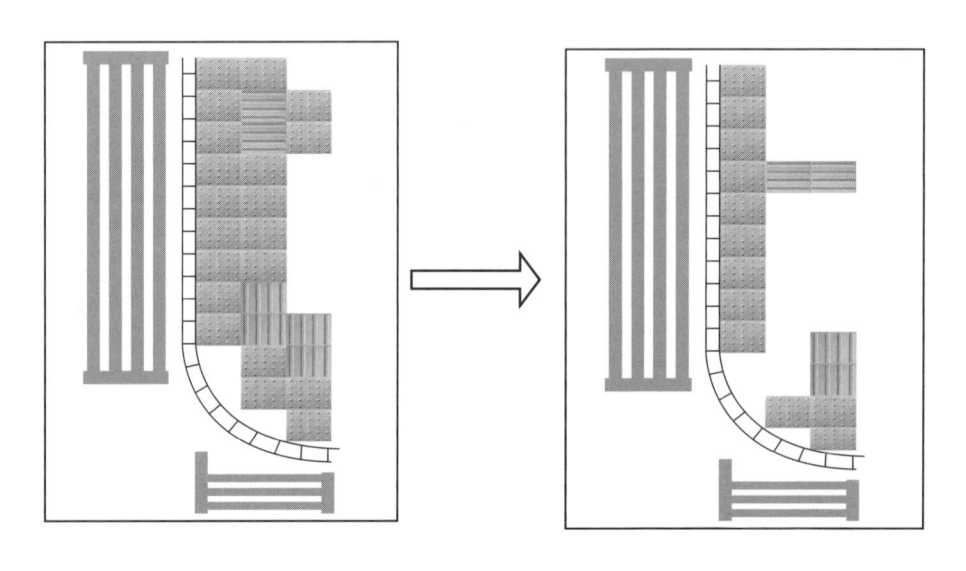

> ⚠ **解説** 幅の細い歩道で、写真3-8-7のように2方向に道路横断箇所がある場合には多くの点字ブロックが設置されることになる。そうするとブロックがどこに接続されており、また何を警告しているのかを認識できなくなる。この場合には「横断歩道前の警告ブロックは通常2列設置する」という原則にかかわらず、視覚障害者の認識のしやすさを優先して、適宜ブロックの設置数を変更すべきである。右の図のように、警告ブロックを1列にし、また歩道の端に隙間なく警告ブロックを設置することによって、横断歩道の位置や方向がわかりやすくなる。また、他の歩行者のバリアになることも避けられる。

■ 写真3-8-8（長崎県・対馬市）

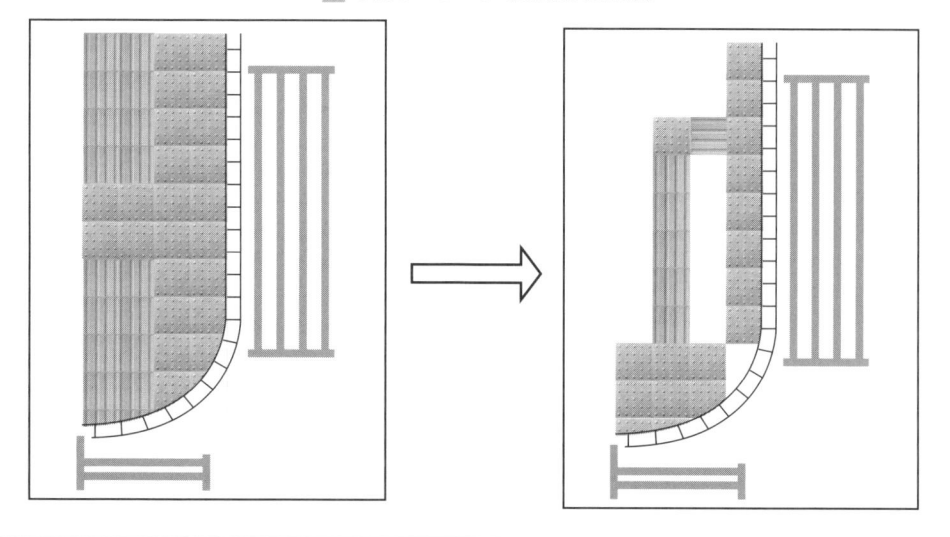

> ⚠ **解説** 写真3-8-8も写真3-8-7と同様である。右の図のようにブロックを設置すると横断歩道の位置や方向がわかりやすくなる。

✕ 写真3－8－9（東京都・新宿区）

⚠ 解説　写真3－8－9は東京都庁の脇にある歩道である。都庁の内部の点字ブロックは適正に設置されている。一歩外に出るとこのように枚数を多く設置しているために「どこに誘導されているのかわからない」箇所が見られる。

✕ 写真3－8－10（イギリス・ロンドン）

⚠ 解説　写真3－8－10のように全面にブロックを設置すると、どこが横断歩道であるのか、どの方向に渡ればよいのかがわからなくなる。

✕ 写真3－8－11（マレーシア・クアラルンプール）

⚠ 解説　海外でも横断歩道前に多くの点字ブロックを設置しているケースが目立つ。視覚障害者が迷う原因になる。

○ 写真3－8－12（フランス・パリ）

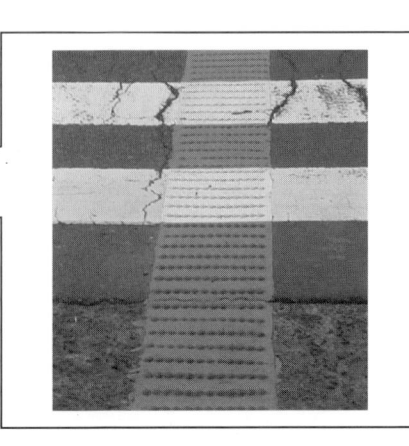

⚠ 解説　写真3－8－12は道路横断帯（通称：エスコートゾーン）を用いている横断歩道の例である。

■写真3-8-13（広島市）

> ⚠ 解説　最近は横断歩道上にも誘導のためのエスコートゾーンが設置されることが多くなってきた。これは視覚障害者にとって極めて有効である。視覚障害者は道路横断の際に、進む方向を間違っていないかどうかについて細心の注意を払っている。万一、方向が大きく偏っていた場合には反対側の歩道にたどり着くことができず、車道の中でさまようことになってしまう。写真3-8-13のように、通常の誘導ブロックとほぼ同じ形状のブロックを用いると、そこが横断歩道であることを認識できず、危険である。写真3-8-12のような特殊な形状をした横断歩道内の特有の誘導ブロックを用いるべきである。

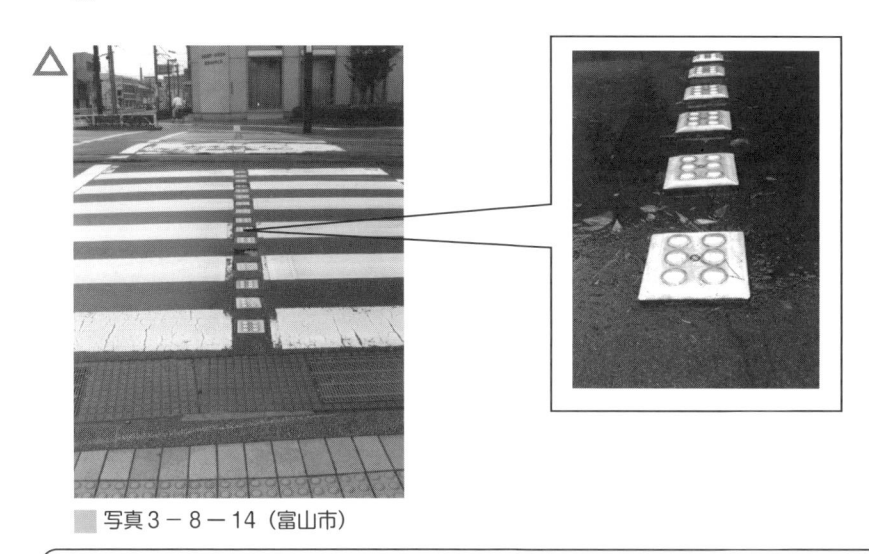

■写真3-8-14（富山市）

> ⚠ 解説　横断歩道に設置されるエスコートゾーンの最大の問題点は、耐久性が低く、しばしば破損し、常時メンテナンスが必要になることである。それを避けるために、耐久性の高いエスコートゾーンの開発に力がそそがれている。写真3-8-14は富山市内に設置されている例である。通常のエスコートゾーンよりも凸部の高さがあるため、つまずきやすい。

■写真3-8-15（フランス・パリ）

> ⚠ 解説　写真3-8-15はフランス・パリ市内に設置されているエスコートゾーンである。

第3章　点字ブロックの誤りと適切な設置方法

■ 写真3−8−16（北海道・札幌市）

> ⚠ 解説　これは中央分離帯である。大きな中央分離帯では、視覚障害者が道路を渡りきったと誤解してしまうことがあり、きちんとしたルールでブロックを設置することが求められる。このケースのようにブロックを一面に設置することは迷いの原因になる。したがって、次に示す図3−8−1のように横断歩道前は2列の警告ブロック、中央分離帯は1列の警告ブロックを設置するように統一するべきである。

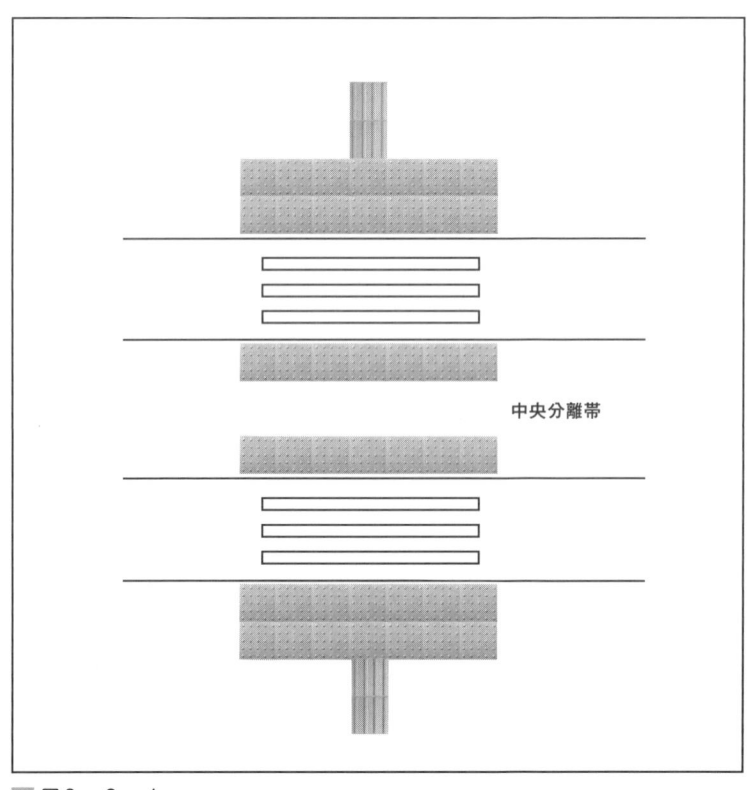

中央分離帯

■ 図3−8−1

9節 分岐点

Point 分岐点には警告ブロックを設置する

　誘導ブロックが交差している部分は、言わば「分岐点」であり、警告ブロックを設置しなくてはならない。警告ブロックを設置しなければ、視覚障害者が分岐点の存在に気がつかず、道に迷うことになる。広い歩道であれば十字型の分岐点には9枚の警告ブロックを用いるが、狭い歩道であれば適宜、警告ブロックの枚数を減らして、歩道の全面に点字ブロックが設置される状況を避けるべきである。

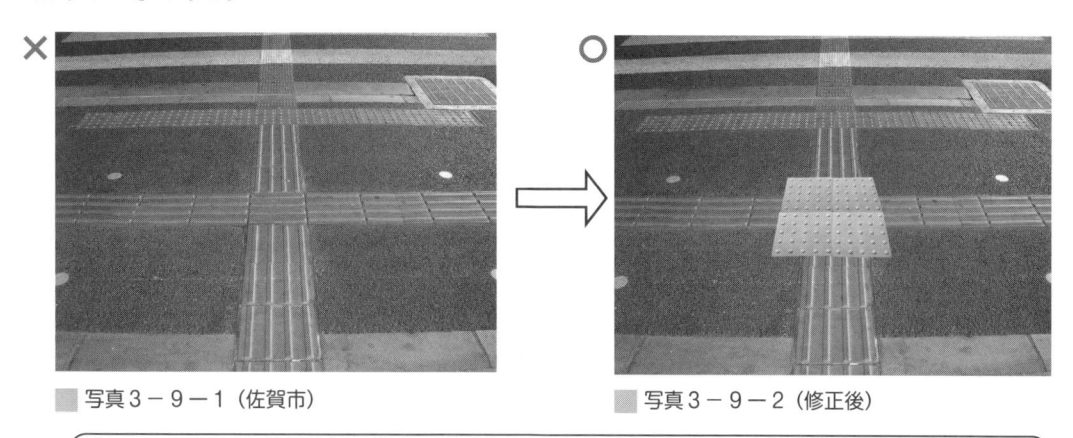

■ 写真3－9－1（佐賀市）
■ 写真3－9－2（修正後）

⚠ **解説**　写真3－9－1では、誘導ブロックの交差部分に警告ブロックを設置していないので、特に左右の方向から直進する視覚障害者は分岐点があることに気がつかない。写真3－9－2のように警告ブロックを設置しなくてはならない。

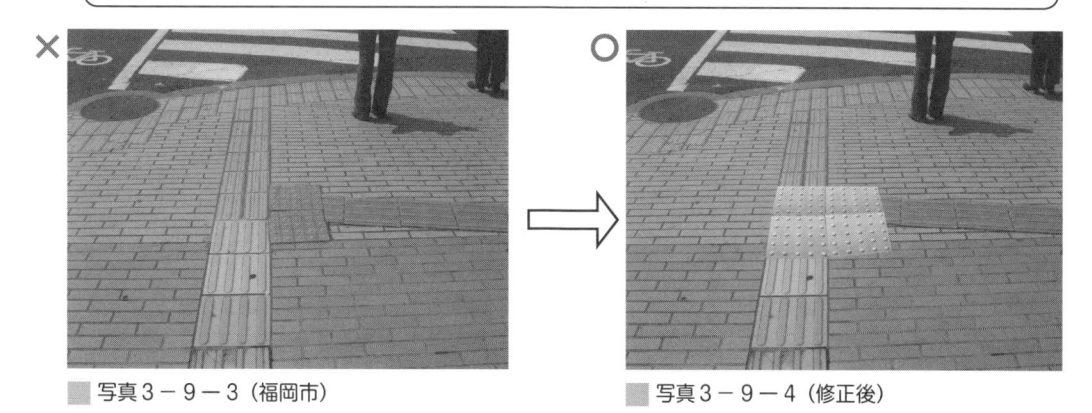

■ 写真3－9－3（福岡市）
■ 写真3－9－4（修正後）

⚠ **解説**　T字形の交差部分では、写真3－9－3のように警告ブロックを設置していることがあるが、写真の上下の方向に歩いてきた視覚障害者はそのブロックの右側にある警告ブロックの存在に気がつかない。写真3－9－4のように警告ブロックを設置しなければならない。

■写真3-9-5(韓国・ソウル)

⚠ 解説 写真3-9-5は韓国・ソウルのケースである。

■写真3-9-6(佐賀市)

⚠ 解説 写真3-9-6は誘導ブロックの交差部分に警告ブロックが設置されていないケースである。直進している視覚障害者は分岐部分に気がつかない。

■写真3-9-7(神奈川県・藤沢市)

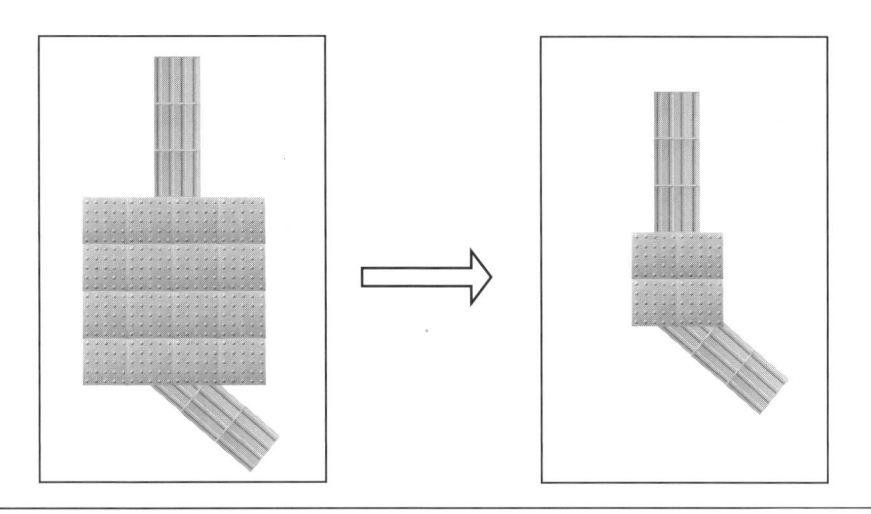

> ⚠ **解説** 写真3−9−7は誘導ブロックの屈曲部に設置されている警告ブロックの数が多すぎるケースである。これほど多いと視覚障害者は探索に時間がかかり、しかも進むべき方向を見失ってしまう。また、他の歩行者のバリアになる。右の図のように数を減らすべきである。

> ⚠ **解説** 写真3−9−8は横断歩道内に分岐点が作られているケースである。横断歩道の中の警告ブロックで立ち止まり、探索していると歩行者用の信号が赤に変わり、極めて危険な状況になる。

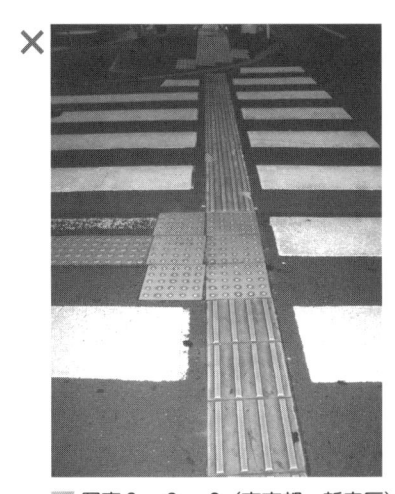

■ 写真3−9−8（東京都・新宿区）

10節

階段

Point 階段前には転落防止のため警告ブロックが必須

　階段前には警告ブロックを設置しなくてはならない。階段の縁から30 cm 程度離して、2列に配置するのが望ましい。必要以上に多くの警告ブロックを設置すると、視覚障害者は何を警告しているのかがわからなくなり、探索をしているうちに階段から転落してしまうことがある。

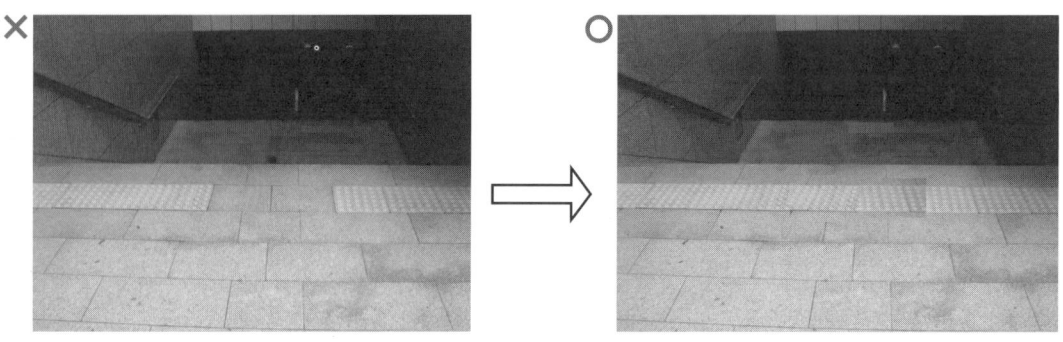

■ 写真3－10－1（静岡県・富士市）　　■ 写真3－10－2（修正後）

⚠ 解説　写真3－10－1では階段前に設置されている警告ブロックが途中で切れている。視覚障害者はこのスペースに来ても警告ブロックがないので立ち止まれない。転落する危険性が高いケースである。写真3－10－2のように警告ブロックを連続して設置しなくてはならない。

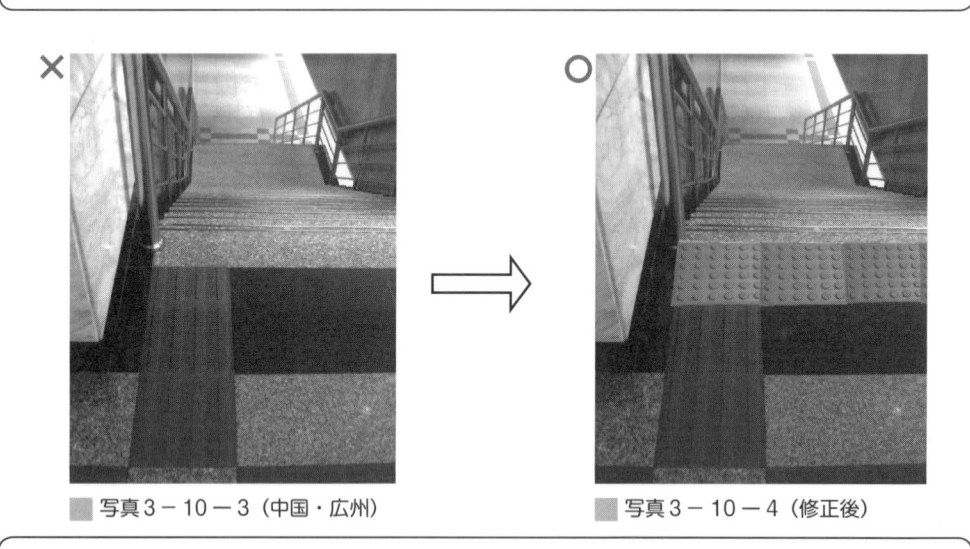

■ 写真3－10－3（中国・広州）　　■ 写真3－10－4（修正後）

⚠ 解説　写真3－10－3では階段の前に警告ブロックが設置されていない。視覚障害者は階段の前で立ち止まることができず、転落してしまう。

■ 写真3－10－5（イタリア・ローマ）

⚠ 解説　写真3－10－5のような階段前に警告ブロックが設置されていないケースは日本には少ないが、海外には数多くみられる誤りである。

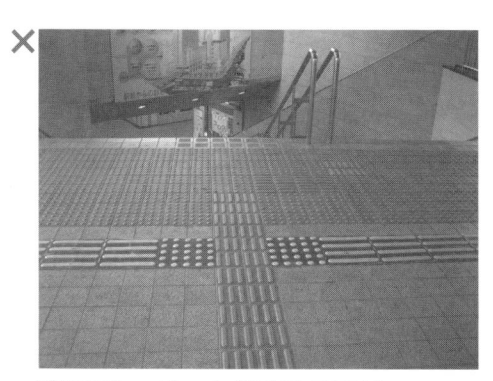

■ 写真3-10-6（富山県・高岡市）

> ⚠ **解説** 写真3-10-6のように多くの警告ブロックが設置されると、視覚障害者がまわりに何があるかを認識できない。探索中に階段から転落する危険性もある。階段前に2列、エスカレータ前に2列の警告ブロックを設置するだけで良い。

■ 写真3-10-7（タイ・バンコク）

> ⚠ **解説** 写真3-10-7はタイ・バンコク市内のケースである。タイではこのようなケースがよく見られる。

■ 写真3-10-8（愛知県・刈谷市）

> ⚠ **解説** 写真3-10-8のように警告ブロックが階段から離れて設置されていると、視覚障害者には何のための警告ブロックなのかがわからず、広い範囲を探索しなければならなくなる。

■ 写真3-10-9（台湾・台北）

> ⚠ **解説** 写真3-10-9は階段の踏み面に警告ブロックを設置しているケースである。踏み面のブロックは不要である。

第3章 点字ブロックの誤りと適切な設置方法

II節
エスカレータ前

Point ステップから遠くない位置に設置する

　エスカレータへの進入箇所付近では、エスカレータからあまり遠くない位置に警告ブロックを設置しなくてはならない。

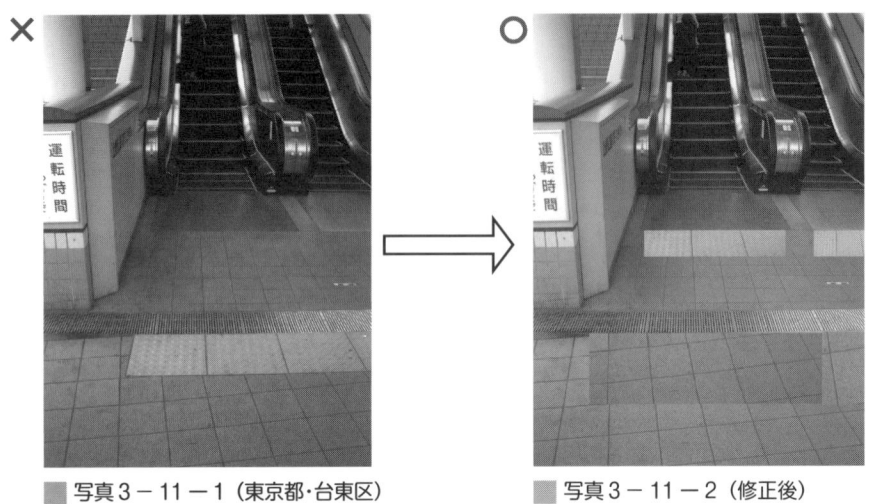

写真3－11－1（東京都・台東区）　　写真3－11－2（修正後）

⚠ **解説** 写真3－11－1のようなケースでは警告ブロックがエスカレータから遠すぎる位置にある。

写真3－11－3（韓国・ソウル）

⚠ **解説** 写真3－11－3は韓国・ソウル市内で見られたエスカレータから遠すぎるケースである。海外でも非常に多い誤りである。

12節
プラットホーム

> **Point**　プラットホームには 30cm 幅の警告ブロックを設置する

　鉄道駅のプラットホームは視覚障害者にとって非常に危険な場所の１つである。プラットホームの端には誘導ブロックを使用せず、線路への転落防止のために警告ブロックだけを設置するのが通常である。そこに設置される警告ブロックは JIS 規格の 30cm 四方のものでなければならない。

■ 写真 3 − 12 − 1（長崎市）

> ⚠ **解説**　写真 3 − 12 − 1 では、15cm の幅しかない警告ブロックが設置されている。視覚障害者が気づかずに踏み越えた場合、線路に転落する危険性がある。30cm 幅の警告ブロックを設置しなくてはならない。

■ 写真 3 − 12 − 2（オーストラリア・シドニー）

■ 写真 3 − 12 − 3（イギリス・ロンドン）

■ 写真 3 − 12 − 4（台湾・台北）

> ⚠ **解説**　海外にも同様の狭幅の警告ブロックが設置されている。写真 3 − 12 − 2 では 15cm、写真 3 − 12 − 3 では 18cm、写真 3 − 12 − 4 では 12cm しかない。極めて危険である。

■写真3−12−5（奈良市）

> ⚠️ 解説　写真3−12−5はプラットホーム上に警告ブロックではなく誘導ブロックが設置されているケースである。統一された設置を行うには、警告ブロックを用いなければならない。

■図3−12−1
（「友のしょうぞう画」『5年生の道徳』、文溪堂、2004年まで）

■図3−12−2
（「友のしょうぞう画」『5年生の道徳』、文溪堂、2005年）

■写真3−12−6（東京駅）

> ⚠️ 解説　図3−12−1は文溪堂が発行している小学5年生用の道徳副読本に載っているイラストである（2004年度まで使用）。東京駅の新幹線ホームを描いたものである。鉄道駅のプラットホームの端には警告ブロックを設置することになっているが、このイラストには誘導ブロックが描かれていた。写真3−12−6のように、実際には東京駅の新幹線ホームには警告ブロックが設置されている。そこで、私たちは出版社にそのことを知らせ、修正を求めた。出版社の方では、すぐに対応してくれ、図3−12−2のようにイラストが修正された。

■ 写真3－12－7（東京都・文京区）

> ⚠ **解説** 写真3－12－7のようなホーム柵がある場合には、電車への乗り込み口の前、つまりホーム柵のドアがある位置に警告ブロックを設置する。このケースでは、手前のホーム柵のドア部分には警告ブロックが設置されていない。その部分の床は盛り上がっており、車いす使用者が電車に乗りやすいように工夫されている。その部分に警告ブロックを設置していないのは、点字ブロックが車いす使用者のバリアにならないように配慮しているからである。

13節 門やドアの前

Point 門やドアの前には警告ブロックを設置する

門やドアの前には警告ブロックを設置してその存在を示さなくてはならない。そうしなければ門やドアが開いている場合に、視覚障害者がそれらに衝突してしまう危険性があるからである。

■ 写真3－13－1（千葉県・野田市） ■ 写真3－13－2（修正後）

> ⚠ **解説** 門の前には、写真3－13－2のように警告ブロックを設置すべきである。

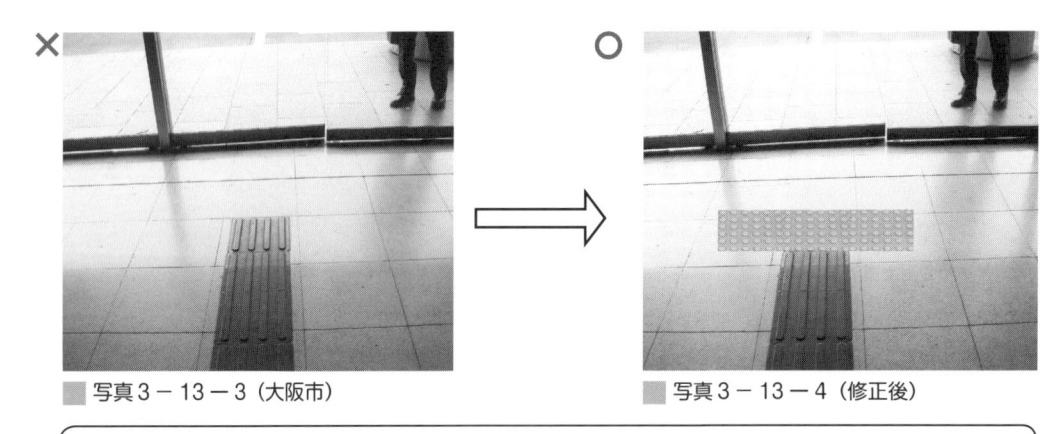

写真3−13−3（大阪市）　写真3−13−4（修正後）

> ⚠ **解説**　写真3−13−3はドアの前で、誘導ブロックが途切れており、警告ブロックが設置されていない。視覚障害者は立ち止まることなくドアに向かって進むため、万一、ドアが開いている状態であるならばドアのエッジの部分に顔を打ちつけてしまう危険がある。写真3−13−4のように警告ブロックを設置しなくてはならない。

14節 一部の地域に限定して使用されるルールやブロック

Point　地域独自のルールやブロックは視覚障害者を混乱させる

　一部の地域に限定して使用されているルールやブロックが日本全国の至るところにある。その土地で生活している視覚障害者でなければそれらのルール（ご当地ルール）やブロック（ご当地ブロック）の意味を理解できず、混乱する。独自のルールやブロックを作るのではなく、統一した規格のブロック及びルールを用いて設置するべきである。

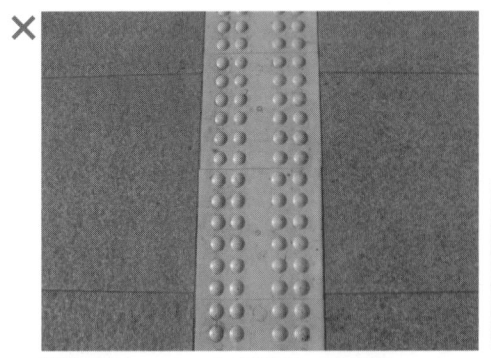

> ⚠ **解説**　写真3−14−1は神戸市内で用いられているブロックである。これは誘導用のブロックであるが、JIS規格の警告ブロックと非常に似た形状である。

写真3−14−1（兵庫県・神戸市）

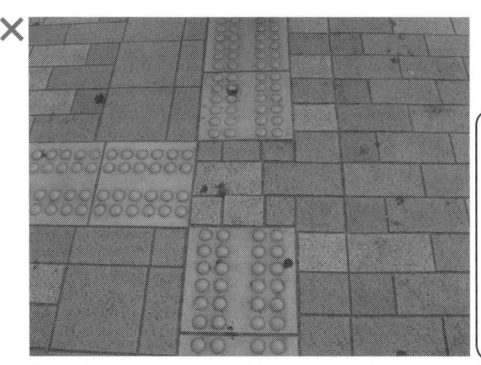

写真3-14-2（兵庫県・神戸市）

> **解説** 神戸市内では、写真3-14-1に示したブロックを独自のルールに基づいて設置している。誘導したい方向にこのブロックを設置し、ブロックが交差する箇所や障害物の前等の一般的に警告ブロックを設置すべき場所にはブロックを設置しないで空けておくというルールである。

写真3-14-3（兵庫県・神戸市）

> **解説** 神戸タイプのブロックは現在では新しく設置されることはなく、神戸市内においては破損部分の補修や新設の際にはJIS規格のブロックを使用している。そのため、写真3-14-3のように2つのタイプの誘導ブロックが混在する状態になっている。

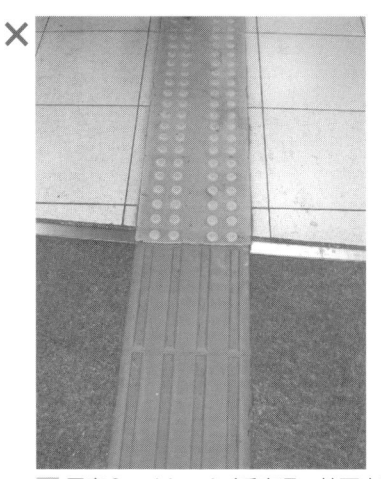

写真3-14-4（兵庫県・神戸市）

> **解説** 神戸市内には写真3-14-1のブロック及び写真3-14-2に示したルールを用いている箇所と国土交通省の示している設置指針に基づいた一般的なブロックとルールを用いている箇所が混在している。一般的なブロックから神戸式のブロックに変わると、視覚障害者は神戸式のブロックを警告ブロックであると誤認してしまう。

写真3-14-5（兵庫県・神戸市）

> **解説** 視覚障害者にとっては、足の裏の感覚だけでは神戸式ブロックと一般的な警告ブロックの区別がむずかしい。写真3-14-5のように神戸式の誘導用ブロックを用いていて、階段前に一般の警告ブロックを設置している場合、階段前の警告ブロックを神戸式の誘導用ブロックの延長であると誤認し、階段から転落してしまう危険がある。

■写真3-14-6（石川県・金沢市）

⚠ 解説　金沢市内にも、一部の地域のみで使用しているブロックがある。神戸式ブロックと同様に、一般的なブロックと混在している箇所がある。

■写真3-14-7（福岡市）

⚠ 解説　写真3-14-7は福岡市内で見られるブロックと一般的な誘導ブロックが続いているケースである。

■写真3-14-8（北海道・札幌市）

⚠ 解説　札幌市営地下鉄でも神戸市内（写真3-14-2）と同様のルールが用いられている。ただし、ブロックは一般の警告ブロックを誘導用に使用している。

■ 写真3－14－9（北海道・札幌市）

⚠ 解説　写真3－14－9は札幌市営地下鉄のホームである。電車の乗降口を示すために警告ブロックの位置を変化させている。札幌独自のルールである。乗降口を明確に示すには有効な設置の方法であると考えられるが、統一性という点から見ると問題が残る。

■ 写真3－14－10（韓国・ソウル）

⚠ 解説　写真3－14－10は韓国・ソウル市内の地下街で使われているブロックである。他の箇所で使用されていない。

15節
誘導ブロックを設置すべきところに警告ブロックが設置されている

Point　誘導ブロックと警告ブロックの役割を明確にして設置する

　視覚障害者に移動方向を示すためには、誘導ブロックを用いなければならないが、しばしば警告ブロックを設置しているケースを見かける。これでは、どこで立ち止まるべきなのか、またどこが危険箇所であるのかがわからない。

■写真3-15-1（群馬県・高崎市）

■写真3-15-2（北海道・札幌市）

■写真3-15-3（北海道・札幌市）

⚠ **解説** 高崎市や札幌市内では、一般的には誘導ブロックを設置すべき箇所であってもすべて警告ブロックを用いているエリアがある。

■写真3-15-4（兵庫県・神戸市）

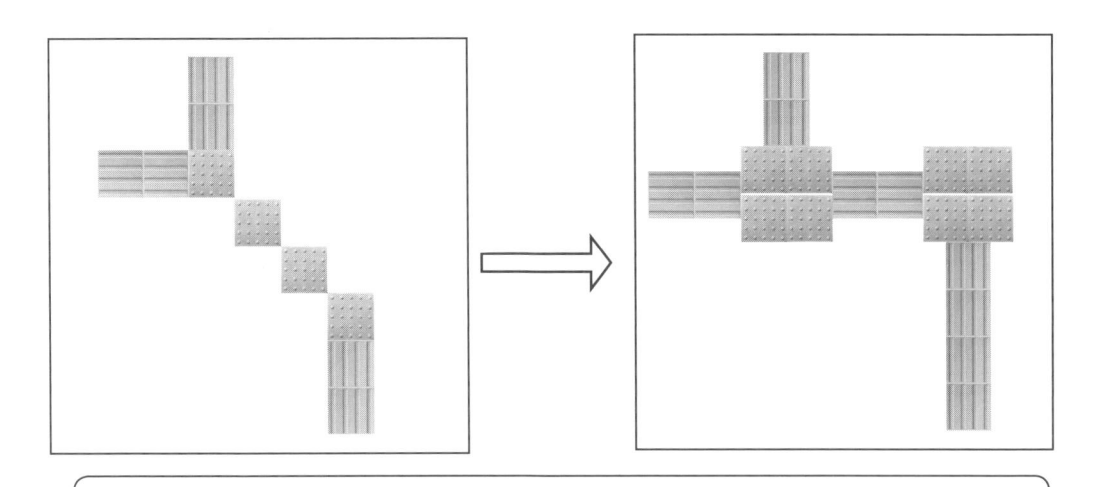

> ⚠ 解説　写真 3 − 15 − 4 は警告ブロックで一部分を誘導しているケースである。本来ならば右の図のように設置しなければならない。

16節
施設や設備の工事後の未処理

Point　未処理は事故の元となる

　点字ブロックがあった場所を工事した際には、ブロックが中断されたままにならないように元通りにしなければならない。ブロックが途切れて視覚障害者が迷うだけでなく、景観も損ねる。また、点字ブロックによって誘導されていた施設や設備が撤去された際には、点字ブロックも修正しなければならない。

✗ 写真 3 − 16 − 1（富山市）

✗ 写真 3 − 16 − 2（フランス・パリ）

■ 写真3−16−3（オーストリア・ウィーン）

⚠ 解説　写真3−16−1、3−16−2、3−16−3のように、道路工事のために点字ブロックが撤去され、工事終了後も新しく設置されずそのままになっているケースがある。

■ 写真3−16−4（長崎市）

⚠ 解説　下が黒いコンクリートで埋められている部分には、以前は何らかの設備（おそらく電話ボックス）があったと思われるが、その設備がなくなっても点字ブロックはそのままにされている。設備を撤去した場合には、ブロックも修正しなくてはならない。

■ 写真3−16−5（中国・北京）

⚠ 解説　以前は地下通路の階段があったと思われる。点字ブロックをたどって行くと、急こう配の下り坂になり、大変危険である。

17節
管理状態

Point 定期的なメンテナンスが必要

　点字ブロックの設置後に定期的に補修をしなかったために、ブロックが剥がれたままになっていたり、破損したブロックの破片が飛び散っているケースがしばしば見られる。点字ブロックの意味をなさないばかりではなく、視覚障害者が破損したブロックでつまずくこともある。加えて、景観をひどく損ねることになる。

⚠ **解説** 横断歩道前のブロックが剥がれたままの状態であるため、視覚障害者が横断歩道前であることを認識できず、車道に飛び出すおそれがある。

■ 写真3-17-1（神奈川県・平塚市）

⚠ **解説** 誘導ブロックが剥がれてしまい、誘導の機能が低下している。また景観を著しく損ねている。

■ 写真3-17-2（奈良市）

■ 写真3-17-3（北海道・札幌市）　■ 写真3-17-4（北海道・札幌市）

⚠ **解説** 積雪地帯では、除雪作業の影響で多くのブロックの突起が写真3-17-3、3-17-4のように削られてしまっている。

⚠ 解説　モンゴル・ウランバートルでは、定期的なメンテナンスが行われていないせいで、写真3−17−5のように点字ブロックが大きく破損して、穴があいている箇所が目立つ。

■ 写真3−17−5（モンゴル・ウランバートル）

⚠ 解説　ブロックの破損部分は視覚障害者が困るだけでなく、車いす使用者等の大きなバリアとなる。

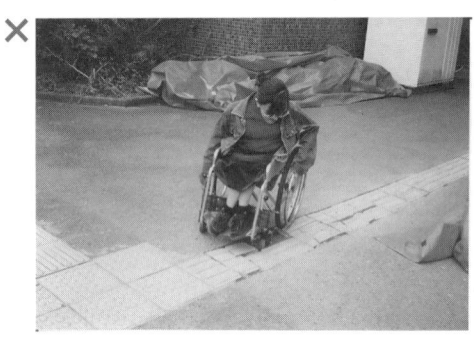

■ 写真3−17−6（茨城県・つくば市）

⚠ 解説　バンコク市内では大きな穴が目立つ。

■ 写真3−17−7（タイ・バンコク）

⚠ 解説　写真3−17−8は、階段前の警告ブロックの突起がなくなったために、視覚障害者は階段前であることに気がつかず、転落する危険がある。

■ 写真3−17−8（台湾・板橋）

■写真3−17−9（フランス・パリ）

> ⚠ 解説　写真3−17−9は、パリのオペラ座の前で撮影したものである。元からあったブロックに違う種類のブロックを用いて補修したために景観が大きく損なわれている。

18節
点字ブロック上の障害物

Point　ブロック上と両側30cm以内には障害物を置かない

　点字ブロックはその上に障害物や危険物がないことを前提に設置されている。しかし、実際にはブロック上に看板が設置されていたり、障害物が置かれていることが少なくない。これによって視覚障害者の移動は大きく妨げられることになる。また、視覚障害者の中には片足のみをブロックに乗せ、もう一方の足はブロックの外側において移動する人、白杖でブロックを確認しながらブロックの横を移動する人等がいるため、ブロックの両側30cm以内にも障害物がないように設置しなくてはならない。

> ⚠ 解説　点字ブロックの上にある自動車はどこの国でも見ることができる。ドライバーに障害理解をもってもらう啓発活動が望まれる。

■写真3−18−1（千葉県・勝浦市）

✕

⚠️ 解説　宅配便業者の営業所の出入口に誘導ブロックが設置されている。この営業車は常に点字ブロックの上に駐車されている。企業倫理が問われる写真である。

写真3－18－2（宮崎市）

✕

⚠️ 解説　点字ブロックの上に置かれる自転車の問題は、点字ブロックが設置されている国に共通したものである。これまでいろいろな防止策が取られているが、有効な策はない。

写真3－18－3（大阪府・東大阪市）

✕

⚠️ 解説　建物の入口に設置してある点字ブロックの上に、足ふきマットがのせられていることが多い。ドアは視覚障害者にとって危険な部分であるが、マットがあるとその存在に気づくことができない。

写真3－18－4（北海道・奥尻町）

○

⚠️ 解説　点字ブロック上にマットを敷くのではなく、このようにブロックの形を残して、ブロックの外側のみにマットを敷くと良い。

写真3－18－5（鹿児島市）

○

写真3－18－6（沖縄県・南城市）

⚠ 解説　最近では、足ふきマットの上に点字ブロックが設置されている商品が開発されている。写真3－18－6はユニバーサルデザインの発想である。

×

写真3－18－7（高知市）

⚠ 解説　世界中でゴミが点字ブロックの上に放置されている場面を見る。日本のようにゴミの収集システムが整備されているところでは、ゴミをまとめる必要があるため、この写真のような状況になりやすい。

×

写真3－18－8（東京都・目黒区）

⚠ 解説　写真3－18－8は日本の商店の入口の写真である。ブロックの上に商品が入っているワゴンが並んでいる。点字ブロック発祥の地である日本においてもこのような状況である。

×

写真3－18－9（ベトナム・ホーチミン）

⚠ 解説　アジア諸国では点字ブロックの上で屋台が営業していることが多い。警察や自治体が改善を求めるケースは少ない。たとえ規制があっても、取り締まりが行われた場合には屋台をその場所から撤去するが、すぐに元にもどってブロックの上に開業するようなケースが多い。

第3章　点字ブロックの誤りと適切な設置方法

■ 写真3-18-10（長崎市）

⚠ 解説　世界中で点字ブロックの上に看板がある。特に飲食店や商店の看板は、それらの営業時間に設置されることが多いので、視覚障害者にとっては歩行環境が時間によって変わることになりとまどいが大きい。

■ 写真3-18-11（長崎市）

⚠ 解説　最近は宅配業者のコンテナやカートが点字ブロックの上に放置されることが増えてきた。いつもは存在していない障害物があると、視覚障害者は困惑するだけではなく、衝突してケガをすることもある。

■ 写真3-18-12（北海道・札幌市）

⚠ 解説　屋根の工事のために設置されている柱である。半年〜1年のように限られた期間の設置ではあるが、点字ブロックの上に置くことは絶対に避けなければならない。

■ 写真3-18-13（宮崎市）

⚠ 解説　この地区のお祭りのために一時的に設置された店舗用のプレハブである。普段とは歩道の環境が大きく異なるため、視覚障害者は混乱する。

写真3-18-14(大阪府・東大阪市)

⚠ 解説　高架下に設置してある倉庫用のプレハブである。

写真3-18-15(茨城県・つくば市)

⚠ 解説　毎年、クリスマスの前になると点字ブロックの上にメリーゴーランドが設置される。

写真3-18-16(モンゴル・ウランバートル)

⚠ 解説　点字ブロックの上に物品販売のためのブースが設置されている。

■写真3−18−17（中国・瀋陽）

⚠ **解説** 建築資材が誘導ブロックの上に放置されている。重いので簡単には撤去できない。

■写真3−18−18（中国・天津）

⚠ **解説** 石製の車止めが誘導ブロックの上に置かれている。視覚障害者はこれが車止めであることを認識できないので、通行止めと勘違いする可能性がある。

■写真3−18−19（宮崎市）

⚠ **解説** 金属製の車止めである。誘導ブロックの上を勢い良く歩いている視覚障害者がこの車止めにぶつかるとケガをすることになる。

> ⚠ **解説** 点字ブロックの上に電柱や標識が建てられているケースを世界中で見ることができる。

写真3−18−20（タイ・バンコク）

> ⚠ **解説** バス停がブロックの上にあることも多い。

写真3−18−21（タイ・バンコク）

> ⚠ **解説** 誘導ブロック上にバス停がある。

写真3−18−22（中国・大連）

第3章　点字ブロックの誤りと適切な設置方法

■写真3-18-23（香港）

⚠ 解説　コンクリートの壁が横断歩道前の警告ブロックの中央部分に置かれている。

■写真3-18-24（中国・天津）

⚠ 解説　店舗の柱が誘導ブロックの上に何本も立っている。これらの柱はブロック設置後に建てられたものである。

■写真3-18-25（タイ・バンコク）

⚠ 解説　誘導ブロックの上にバス停のベンチが据え付けられている。

■ 写真3-18-26（中国・広州）

⚠ 解説　誘導ブロックの上に地下鉄の自動改札機が設置されている。視覚障害者は自動改札機の存在に必ず気がつくが、衝突することにもなり、きわめて危険である。

■ 写真3-18-27（中国・深圳）

⚠ 解説　視覚障害者が誘導ブロックに沿って歩いていると、電話ボックスの中に入り、上半身が電話に衝突する。視覚障害者の持つ白杖は腰から上の障害物を検知できない。

■ 写真3-18-28（中国・北京）

⚠ 解説　白杖ではブロックの上の空間にある歩道橋を検知することができないため、点字ブロック上をたどっていくと歩道橋に衝突してしまう。

第3章　点字ブロックの誤りと適切な設置方法

> ⚠ 解説　除雪された雪が歩道に積み上げられ、それがブロックを覆い隠しているケースである。積雪地帯では仕方がない面もあるが、融雪している時期にはブロックの上に雪が残らないようにしておかなくてはならない。

■ 写真3－18－29（北海道・札幌市）

> ⚠ 解説　秋になると木の葉が点字ブロック上に重なるように積もることがある。木の葉は、滑って転倒する原因にもなるので、視覚障害者には大きなバリアとなる。

■ 写真3－18－30（茨城県・つくば市）

> ⚠ 解説　ブロック上の水たまりは視覚障害者にとってたいへん困るものである。水たまりがあると、目の見える人はどこを歩けばよいかがすぐにわかるが、視覚障害者にはわからない。雨が降ると路面が滑りやすくなることもあるので、水たまりは大きなバリアである。

■ 写真3－18－31（茨城県・つくば市）

■写真3－18－32（千葉市）

> ⚠ **解説** 日本では、少し前まで若者が地面に座り込む姿がよく見られた。点字ブロックの上に座っていることも多かった。視覚障害者が気がつかずに歩いていて、杖が当たり、トラブルになることがあった。最近は若者とのトラブルは少なくなったが、路上生活をしているホームレスの人たちとのトラブルは続いている。

■写真3－18－33（東京都・千代田区）

> ⚠ **解説** ゲーム機の発売前に徹夜で並んでいる人の列である。ブロックの上に並んでいる。

■写真3－18－34（中国・青島）

> ⚠ **解説** アジアの国や地域では、路上で物乞いをしている人が多い（TOKUDA & MIZUNO, 2009）。点字ブロックがある場所ではその上で物乞いをしているケースがある。

19節
目的外使用

Point 点字ブロックを本来の目的以外で使用してはならない

　点字ブロックを視覚障害者の安全な移動のための設備として利用するのではなく、別の用途で使用しているケースがある。これは視覚障害者がとまどうことになり、また大きな事故の原因にもなり得る。点字ブロックの本来の目的以外の使用を避けなければならない。

■ 写真3－19－1（和歌山市）

⚠ 解説　写真3－19－1は警告ブロックを滑り止めとして利用しているケースである。特に、地下駐車場から地上出入り口への走行路（斜路）に設置してあることが多い。警告ブロックの形状に似た滑り止めシートが市販されているので、その代用として警告ブロックを使用していると考えられる。歩道を通行している視覚障害者が駐車場入り口に迷い込むことがあれば一面に設置してある警告ブロックにとまどう。

■ 写真3－19－2（茨城県・つくば市）

⚠ 解説　駐輪場入口の停止線を示すために点字ブロックが用いられている。

■ 写真3－19－3（富山市）

⚠ 解説　点字ブロックを階段のけこみ板部分に設置して、上り下りのレーンを分ける線にしている。通常は、この部分には白線が引かれている。

⚠ **解説** ニューヨークの地下鉄にも、階段の始まりと終わりのけこみ板部分にブロックが設置されている。

写真3－19－4（USA・ニューヨーク）

⚠ **解説** けこみ部分に誘導ブロックが設置されてしまい、階段前に肝心な警告ブロックがない。

写真3－19－5（インドネシア・バリ島）

写真3－19－6（台湾・台北）

⚠ **解説** 商業ビルの建物の入り口を示すためにブロックが使用されている。

■写真3－19－7（千葉県・四街道市）

⚠ 解説　駅前広場の床面の装飾に点字ブロックが用いられている。

■写真3－19－8（茨城県・つくば市）　　■写真3－19－9（同左）

⚠ 解説　段差を解消するために誘導ブロックが使用されている。しかし、写真3－19－9のように、台車や車いすなどのキャスターがひっかかり、かえってバリアになっている。

第4章

他の歩行者の移動のバリアになっている点字ブロックの存在

(東京都・台東区)

I節
他の歩行者は点字ブロックをどのように感じているか

1 車いす使用者にとっての点字ブロック

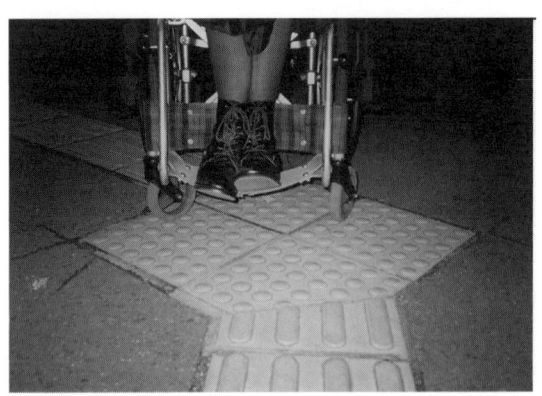

■ 写真4-1-1：点字ブロックの突起によって方向が安定しない車いすの前輪

　車いす使用者は、車いすの前輪（キャスター）が点字ブロックの突起によって向きが変わってしまい、前に進めなくなることがある（写真4-1-1）。水野・徳田（2010）が車いす使用者に点字ブロックの設置についてどのように感じているかを調査したところ、「不便に感じたことはない」と答えた者はわずかであり、多くの者がバリアとして感じていることがわかった。しかし、半数以上の者が「車いすが通るには不便であるが、視覚障害者の移動を考えると仕方がない」

■ 表4-1-1：点字ブロック設置に対する考え（選択式）

車いすが通るには不便であるが、視覚障害者の移動を考えると仕方がない	61%（118名）
設置位置が不適切であるので修正してもらいたい	42%（ 81名）
不便に感じたことはない	5%（ 9名）

（%の母数は193名）　　　　　　　　　　　　　　　（複数回答）

■ 表4-1-2：点字ブロックをバリアとして感じる理由（選択式）

点字ブロックの凸凹によってキャスターの向きが変わるため，進行方向が定まらない	55%（106名）
振動のために体位が安定しない	43%（ 83名）
屋外にある場合は雨天時に滑りやすい	25%（ 49名）
その他	8%（ 15名）

（%の母数は193名）　　　　　　　　　　　　　　　（複数回答）

とがまんしていた（表4−1−1）。点字ブロックをバリアと感じる理由としては、「点字ブロックの凸凹によってキャスターの向きが変わるため、進行方向が定まらない」「振動のために体位が安定しない」などであった（表4−1−2）。

また、スロープ上に設置されている点字ブロックを7割以上の車いす使用者が、さらにエレベータ前の呼び出し用押しボタン（以下、押しボタン）前に設置されている点字ブロックについては4割以上がバリアとして感じていた。特に押しボタンについては、「押しボタンを押せる位置まで進むことができない」という意見が目立った。

2 高齢者にとっての点字ブロック

写真4−1−2：高齢者のリハビリテーション施設内に設置された点字ブロック

歩行補助車を使用する70歳代から100歳までの高齢者に調査したところ、半数以上が点字ブロック上は歩きにくいと答えた（安心院・德田・水野、2010）。車いす使用者と同様に「車輪がひっかかって前に進めないから」と答える者が目立った。また、リウマチなどの足の持病がある人から「凹凸の上を歩くと足が痛い」という意見が挙がった。

最近では、点字ブロックのある歩道を移動するための訓練をする高齢者のリハビリテーション施設が増えている（写真4−1−2）。歩行補助車を使用する高齢者にとっても点字ブロックはバリアであり、歩道の全面に点字ブロックを設置することは避けなければならない。

3 ベビーカーを使用している保護者にとっての点字ブロック

乳幼児のいる家庭で、ベビーカーを頻繁に利用している保護者にベビーカーの車輪が点字ブロックにひっかかることがどの程度あるかを調査したところ、8割以上の回答者が点字ブロックにひっかかって困った経験をしていることを確認できた。なかには「ブロックにつまずいてベビーカーごと倒れてしまった」と答えた者や「ブロックの凸凹の振動でせっかく寝た子どもが起きてしまう」という意見もあった。

4 幼児にとっての点字ブロック

写真4-1-3：点字ブロック上を歩く幼児

　幼児をもつ保護者に点字ブロック上で子どもがつまずいた経験を尋ねたところ約半数の幼児がつまずいていることがわかった（写真4-1-3）。具体的には、「点字ブロックでつまずいて転び、頭に大きなたんこぶを作った」「補修されていない（割れたままになっているなど）点字ブロックにつまずいて転んだ」といった意見が目立った。また、「階段の手前に設置されているブロックにつまずいて階段から落ちた」と回答した者も複数いた。保護者のなかには「階段前では子どもの手をしっかり握り、点字ブロックで転ばないように気をつけている」「歩道上にたくさんの点字ブロックがあると、子どもを歩かせたくないと感じ、抱っこすることになる」と答えた者もあり、子どもが点字ブロック上を移動する際にけがをしないように気をつけている保護者が多いことが確認できた。

2節 車いす使用者、高齢者、ベビーカー使用者、幼児のバリアに配慮したブロックの設置

1 スロープ

　先にも述べたが、車いす使用者、シルバーカー使用者、ベビーカー使用者の中には、点字ブロックをバリアとして感じている者が多い。特に車いす使用者にとっては、ブロックの突起によってキャスター（車いすの前輪）の向きが変わり、進行方向が定まらなくなることは大きな問題である。一方、「視覚障害者にとってはスロープそのものがバリアである」と指摘する視覚障害リハビリテーションを専門とする者の意見をしばしば聞く。その理由は、視覚障害者がスロープ上の点字ブロックをたどって歩いていると、上下移動をしていることに気がつかず、段差のある箇所で転落したり、自分がどの階にいるのかがわからなくなって迷ってしまうことがあるからである。

海外においてもスロープ上にブロックを設置しているケースが多い(写真4-2-2、4-2-3、4-2-4)。また、スロープを利用している視覚障害者と車いす使用者の衝突事故が起こることもある。そのため、視覚障害者に対しては階上や階下への移動の際には、はっきりと段差を認識できる階段を利用することを促すべきである。

■ 写真4-2-1（宮崎市）：このケースのようにスロープ上にブロックを設置することは適切ではない。

■ 写真4-2-2（インドネシア・バリ島）

■ 写真4-2-3（中国・大連）

■ 写真4-2-4（台湾・台北）

■ 写真4-2-5：日本でも県庁や市役所などの公共施設には、スロープ上にブロックを設置しているケースが多い。

※ 写真4−2−7（東京都・文京区）：スロープに点字ブロックを設置するのではなく、写真4−2−7のように階段に視覚障害者を誘導することによって、車いす使用者等のバリアの問題を解消することができる。

※ 写真4−2−6（イギリス・ロンドン）：スロープの全面にブロックが設置してあると、車いす使用者は非常に迷惑する。

2 エレベーター

　エレベータ入り口に点字ブロックが設置してあると、車いすやシルバーカーなどのキャスターが引っかかってしまう。そのため、エレベータ前に広く点字ブロックを設置するのではなく、押しボタンの前にブロックを設置し、車いす使用者の移動のバリアが最小限になるように配慮しなくてはならない。

※ 写真4−2−8（大阪市）

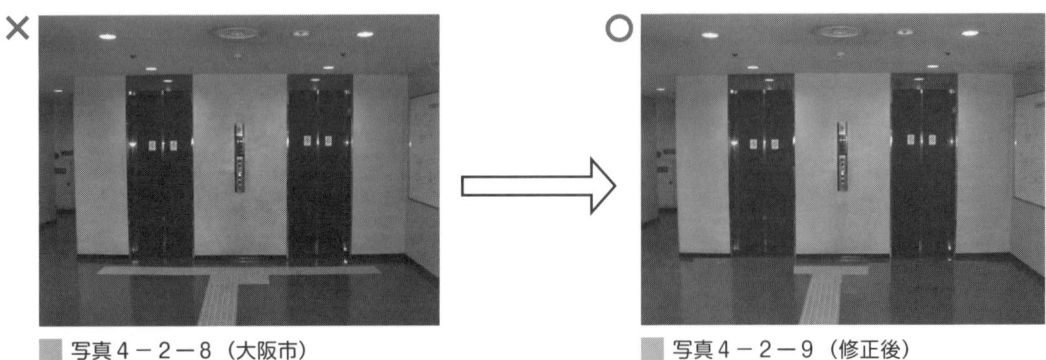

※ 写真4−2−9（修正後）

⚠ 解説　写真4−2−8のようにエレベータ入り口に点字ブロックがあると、車いす使用者のバリアになる。写真4−2−9のように押しボタン前に設置する。

> ⚠ **解説** 　写真4-2-10はフランクフルト中央駅のエレベータである。このように出入り口の全面にブロックが設置されていると、他の歩行者のバリアになるだけでなく、視覚障害者がエレベータの到着をドアの中央で待つことになり、降りてくる人とぶつかってしまう。

■ 写真4-2-10（ドイツ・フランクフルト）

> ⚠ **解説** 　エレベータ内に警告ブロックを設置しているケースがある。狭いエレベータ内で出口を迷う視覚障害者はいない。このような設置も車いす使用者等のバリアになるため、ブロックを撤去すべきである。

■ 写真4-2-11（愛媛県・松山市）

③ 駅の改札

　車いす使用者等が通行できるように幅を広くした改札に点字ブロックを設置しているケースが多い。しかし、改札の通路にブロックが設置されていると、車いす使用者のバリアとなる。視覚障害者は幅の広い改札を必要としないため、車いす使用者の利用する改札と点字ブロックを設置する改札を分ける必要がある。

> ⚠ **解説** 　写真4-2-12は車いす使用者が利用できる幅の広い改札と点字ブロックを設置した改札を分けているケースである。このような設置が望ましい。

■ 写真4-2-12（茨城県・つくばみらい市）

■ 写真4−2−13（青森県・盛岡市）

■ 写真4−2−14（マレーシア・クアラルンプル）

■ 写真4−2−15（シンガポール）

■ 写真4−2−16（イタリア・ローマ）

■ 写真4−2−17（中国・北京）

⚠ 解説　写真4−2−13は、車いす使用者が利用できる幅の広い改札口に点字ブロックが設置されているケースである。このような設置は日本の多くの駅で見られるが、写真4−2−14〜4−2−17のように、日本の設置の仕方をモデルにした、海外の鉄道の改札でも同じ問題が生じている。

4 障害者用駐車スペース

　日本では障害者用駐車スペースの利用資格者を規定した法律は現在のところ存在していないが、そもそもこのスペースはドアを全開にして乗降することが必要な車いす使用のドライバーが利用するために設置されているものである（西館，2011）。そのため、視覚障害者が障害者用駐車スペースを単独で利用することはない。車いす使用者のバリアになるブロックを障害者用駐車スペースに設置してはならない。

■写真4－2－18（千葉県・南房総市）　　■写真4－2－19（茨城県・つくばみらい市）

⚠ 解説　写真4－2－18～4－2－19のように障害者用駐車スペースに点字ブロックを設置することで、車いす使用者はバリアを感じる。

■写真4－2－20（香港）

⚠ 解説　写真4－2－20は香港のディズニーランドの駐車場である。海外においても日本と同様の誤りがみられる。

■写真4－2－21（千葉県・柏市）

⚠ 解説　障害者用乗降スペースも車いす使用者の乗降のための設備であるため、点字ブロックを設置してはならない。

付録1　驚くべき設置

　私たちは、日本および海外でのフィールドワークを通して、驚きを隠せない設置に数多く出くわした。そのほとんどは、なぜそのように設置されたのかがわからず、ただただ首をひねるばかりである。

神奈川県・平塚市

一面に警告ブロックが設置されている。警告ブロックの機能を果たしていないというだけでなく、車いす使用者、高齢者、ベビーカー使用者等の移動のバリアになっている。

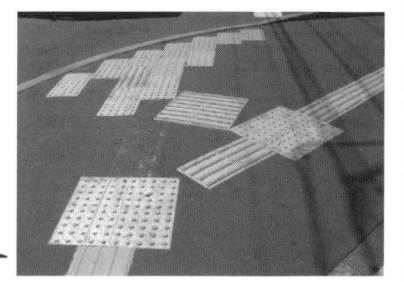

どういう意図で設置されているのか理解ができない点字ブロックである。

北海道・札幌市

茨城県・日立市

これにいたっては、たった1枚警告ブロックが設置されているだけである。何のための設置なのかわからない。

点字ブロックが3列ある。真ん中の点字ブロックは床面に添付するタイプのものである。おそらく風で飛ばされてきたのであろう。写真の位置に仮置きされている状態である。この歩道の管理者が撤去すべきであるが、気がつかないので放置されたままである。

鹿児島市

別の目的で沖縄の墓地を調査していた際に、山の中腹にあった墓地の中で発見したブロックである。付近の山道には一切、点字ブロックはなく、「なぜこんなところにあるのか」と大変驚いた。亡くなった方の中に目の見えない人がいて、自分の墓石の中にスムーズに戻ることができるようにご遺族が設置したのであろうか。

沖縄県・本部町

付録2　点字ブロック上の動物たち

　点字ブロックの上にはいろいろな物がある。視覚障害者はそれらを目で確認できないので多少やっかいなことにもなる。困るものの1つに動物がある。

東京都・武蔵野市

当り前ではあるが、犬はどこにでもいる。日本では野良犬はほとんどいないが、東南アジアでは野良犬が多い。視覚障害者がブロックの上に寝ている犬を杖で叩いてしまい、犬に噛みつかれたケースがあった。

ブロックの上には鳥も多い。東南アジアでは鶏もいる。しかし、視覚障害者の歩行にまったく支障はない。

群馬県・前橋市

タイ・バンコク

バンコクの繁華街ではブロックの上に象がいた。

奈良にはブロック上に鹿がいた。

奈良市

引用・参考文献

安心院朗子・德田克己・水野智美（2010）「歩行補助車を使用している高齢者の外出状況と交通上の課題」『国際交通安全学会誌』35（2），77-84.

堀田卓・川上光彦・山口高史（2004）「視覚障害者の通学時における道路環境のバリアフリーの実態と課題に関する調査研究」『土木計画学研究・論文集』30，No.293

川上光彦・馬場先恵子・今岡寛（1997）「視覚障害者誘導用ブロックの設置実態と課題―金沢市中心部における調査研究―」『土木計画学研究・論文集』14，869-876

国土交通省道路局企画課（監修）国土技術研究センター（編）（2003）『道路の移動円滑化整備ガイドライン』大成出版社

三上貴正・天野真二・渡会奈由香・坂井映二（2000）「点字ブロックおよびその敷設状態の触覚的認知性に関する基礎的研究」『日本建築学会構造系論文集』528，47-52

Mikio KOGANEI, Tomomi MIZUNO, Katsumi TOKUDA (2006) Tactile Ground Surface Indicators in London and Paris. *The Asian Journal of Disable Sociology*, 6, 1-9.

水野智美・德田克己（2004）「ソウル駅におけるバリアフリー状況―新駅舎と旧駅舎の比較を中心に―」『アジア障害社会学研究』4，18-29

Mizuno Tomomi (2009) Barrier-free effect by the Beijing Ollympic-Comparison of research results in between 2004 and 2008. *The Asian Journal of Disable Sociology*, 9, 1-8

水野智美・德田克己（2010）「韓国，中国，台湾の新幹線及び関連施設のバリアフリー状況―始発駅，終着駅，車両の整備を中心に―」『障害理解研究』11，39-48

水野智美・德田克己（2010）「点字ブロックが車いす使用者，高齢者，幼児の移動にどの程度のバリアになっているのか」『厚生の指標』57（1），15-20

水野智美・德田克己（2010）「上海万博におけるバリフリー状況」2010 International Summer Symposium, Chonnam National University Korea, 29-32

日本道路協会（2003）『視覚障害者誘導用ブロック設置指針・同解説』社団法人日本道路協会

日本工業標準調査会（2001）『視覚障害者誘導用ブロック等の突起の形状・寸法及びその配列』日本規格協会

西館有沙（2011）『障害者用駐車スペースの設置および運用に関する総合的研究』日本障害理解学会出版部

西館有沙・水野智美・德田克己（2005）「障害者用駐車スペースの適正利用促進のための課題の明確化」『国際交通安全学会誌』29（4），296-302

西村実穂・安心院朗子・富樫美奈子・西館有沙・石上智美・水野智美・德田克己（2009）「北京オリンピックのバリアフリー効果―2004年と2008年のバリアフリー調査結果の比較から―」『日本特殊教育学会第47回大会発表論文集』315

坂井友香・斎藤健治・清田勝（2004）「視覚障害者誘導環境のあり方について―佐賀市視覚障害者誘導用ブロックの利用実態と敷設の現状調査より―」『佐賀大学理工学部集報』35（1），63-77

芝田裕一（2007）『視覚障害児・者の理解と支援』北大路書房

末田統・藤澤正一郎・王欣（2005）「視覚障害者誘導用ブロックの評価システムの構築」『電気学会論文誌C』125（9），1497-1502

高山佳子・大野久奈（1997）「視覚障害者の道路環境に関する実態」『横浜国立大学教育研究紀要』32，189-200

竹田恵子・川上光彦・菊岡雅治（1995）「視覚障害者誘導用ブロックと舗装面の色彩の適切な組み合わせに関する実験的研究」『土木計画学研究・講演集』18（2），831-834

田内雅規・村上琢磨・沢井元・大倉元宏（1994）「点状と線状タイルの触覚的対比」『第20回感覚代行シンポジウム発表論文集』103-106

富樫美奈子・水野智美・徳田克己（2007）「車いす使用者の移動においてバリアとなっている点字ブロック」『障害理解研究』9, 49-57

徳田克己（1997）「視覚障害者のための移動援助システム」『国際交通安全学会誌』23(1), 44-51

徳田克己（2004）「障害者用信号機の押しボタンの不適切な設置状況について」『国際交通安全学会誌』29(2), 124-131

徳田克己監修（2011）『心のバリアフリーガイド』内閣府

徳田克己・新井邦二郎・松村みち子・喜美候部浩二・鵜木ゆみこ・水野智美・西館有沙（2004）『交通バリアフリー教育の内容の選定と方法の開発』 国際交通安全学会

徳田克己・新井邦二郎・松村みち子・長岡英司・望月珠美（1999）『視覚障害者の歩行者としての交通安全ニーズに関する調査研究』 国際交通安全学会

徳田克己・新井邦二郎・松村みち子・長岡英司・望月珠美（2000）『視覚障害者の歩行中の交通事故を防ぐための具体的な提言』 国際交通安全学会

徳田克己・松村みち子・水野智美（2001）『車いす使用者の交通安全ニーズに関する調査研究』 国際交通安全学会

徳田克己・水野智美（2005）『障害理解—心のバリアフリーの理論と実践—』誠信書房

徳田克己・水野智美・西館有沙・新井邦二郎（2008）「不適切に設置されている視覚障害者誘導用ブロックの類型化と改善策」『国際交通安全学会誌』33(1), 98-107

TOKUDA Katsumi, MIZUNO Tomomi（2009）Beggars with Disabilities in Asia and Citizens Views about the Disabled, *The Asian Journal of Disabled Sociology*, 9, 22-32.

TOKUDA Katsumi, MIZUNO Tomomi（2010）Characteristics of Tactile Ground Surface Indicators in 4 northern European countries, *The Asian Journal of Disable Sociology*, 10, 1-14.

TOKUDA Katsumi, MIZUNO Tomomi（2011）Obstacles Positioned over Tactile ground surface indicators, The Asian Journal of Disable Sociology, 10, 1-14.

TOKUDA Katsumi, MIZUNO Tomomi, NISHIDATE Arisa, ARAI Kunijiro, AOYAGI Mayumi（2008）*Guidebook for the Proper Installation of Tactile Ground Surface Indicators (Braille Blocks): Common Installation Errors*. International Association of Traffic and Safety Sciences.

Tomomi MIZUNO, Katsumi TOKUDA, Arisa NISHIDATE, Kunijiro ARAI（2008）Installation Errors and Corrections in Tactile Ground Surface Indicators in Europe, America, Oceania and Asia. *Journal of International Association of Traffic and Safety Sciences*, 32(2), 68-80.

通商産業省製品評価技術センター（1998）『視覚障害者誘導用ブロックに関する標準基盤研究報告書—パターンの標準化を目指して—（パターン単体と認知のしやすさの関係についての研究)』通商産業省製品評価技術センター

徳田克己 Tokuda Katsumi

筑波大学大学院人間総合科学研究科教授。教育学博士。
専門は障害支援学、バリアフリー論、子ども支援学。
ユーザーの視点に立ったバリアフリー研究を進めている。
これまで手掛けたテーマは、障害理解（心のバリアフリー）、道路横断用押しボタンの問題、携帯メール利用者が他の歩行者のバリアになっている問題等多岐に渡っている。
現在、日本障害理解学会会長、アジア障害社会学会会長等をつとめている。

水野智美 Mizuno Tomomi

筑波大学大学院人間総合科学研究科准教授。博士（学術）。
専門はバリアフリー論、福祉心理学、子ども支援学。
障害のある人もない人も共に生活しやすい環境とは何か、という視点で研究をしている。
現在、特殊教育学会理事、アジア子ども支援学会常任理事等をつとめている。

点字ブロック
―日本発　視覚障害者が世界を安全に歩くために―

2011年9月20日　初版第1刷発行

著　者	徳田克己・水野智美
発行者	石井昭男
発行所	福村出版株式会社
	〒113-0034　東京都文京区湯島 2-14-11
	電話　03-5812-9702　FAX　03-5812-9705
	http://www.fukumura.co.jp

印刷／製本　　シナノ印刷株式会社

©K. Tokuda, T. Mizuno, 2011
Printed in Japan
ISBN978-4-571-42037-5　C3036
乱丁本・落丁本はお取替え致します。
定価はカバーに表示してあります。

福村出版◆好評図書

田中農夫男・木村 進 編著
ライフサイクルからよむ障害者の心理と支援
◎2,800円　ISBN978-4-571-12103-6　C3037

障害者のライフステージに即した心理を解説。生活者である障害者への支援とは何かを理解するための入門書。

J. ライクリー 他 編著／望月 昭 他 監訳
ビギニング・コミュニケーターのためのAAC活用事例集
●機能分析から始める重い障害のある子どものコミュニケーション指導
◎6,800円　ISBN978-4-571-12104-3　C3037

重い障害のある子ども（ビギニング・コミュニケーター）の対話指導の基本論理とAAC実践研究事例を網羅。

望月 昭・サトウタツヤ・中村 正・武藤 崇 編
対人援助学の可能性
●「助ける科学」の創造と展開
◎2,100円　ISBN978-4-571-25038-5　C3011

障害者，高齢者，犯罪加害者への援助理論を実践記録から検証。心理・福祉・社会学に跨る「対人援助学」を探る。

冨永光昭 編著
小学校・中学校・高等学校における新しい障がい理解教育の創造
●交流及び共同学習・福祉教育との関連と5原則による授業づくり
◎2,200円　ISBN978-4-571-12114-2　C3037

交流及び共同学習・福祉教育における「新たな障がい理解教育の5原則」を提起，諸実践や指導計画を提案する。

小川英彦 編著
気になる子どもと親への保育支援
●発達障害児に寄り添い心をかよわせて
◎2,300円　ISBN978-4-571-12116-6　C1037

保育者たちによる実践報告と親からのQ&Aを多数掲載。発達障害児保育に悩む保育者と親のための1冊。

徳田克己・田熊 立・水野智美 編著
気になる子どもの保育ガイドブック
●はじめて発達障害のある子どもを担当する保育者のために
◎1,900円　ISBN978-4-571-12110-4　C1037

気になる子どもの入園前～就学援助に至る保育と保護者支援を園内外との連携も含め具体的にわかりやすく解説。

水野智美・徳田克己 編著
保育者が自信をもって実践するための
気になる子どもの運動会・発表会の進め方
◎1,700円　ISBN978-4-571-11600-1　C1337

園行事に気になる子どもを参加させる際のポイントを，成功例・失敗例をまじえてわかりやすく具体的に解説。

西館有沙・徳田克己 著
保育者が自信をもって実践するための
困った保護者への対応ガイドブック
◎1,700円　ISBN978-4-571-11601-8　C1337

事例ケースに基づき，保育者が保護者と良好な関係を築くために必要なノウハウを具体的にわかりやすく解説。

梅永雄二 著
発達障害者の理解と支援
●豊かな社会生活をめざす青年期・成人期の包括的ケア
◎1,500円　ISBN978-4-571-42027-6　C3036

発達障害の特性を正しく理解し，青年期・成人期発達障害者の教育と就労支援について，そのあり方を考える。

◎価格は本体価格です。